Clean
Eating

Clean Eating

Gesunde Ernährung ist ganz einfach

garant

Inhalt

Vorwort

Gesunde Ernährung und ein achtsamer Umgang mit Körper und Geist sind in Zeiten von Fast Food und Dauerstress essenziell für das eigene Wohlbefinden.

Die Clean-Eating-Philosophie setzt genau bei diesen Punkten an und hilft Ihnen dabei, einen gesunden, entspannten und bewussten Umgang mit sich selbst und mit Lebensmitteln zu entwickeln. Tauchen Sie ein in die Welt von Clean Eating und starten Sie in eine gesunde Zukunft!

Einleitung

In Zeiten von chronischem Übergewicht und etlichen Lebensmittelskandalen ist das Thema gesunde Ernährung in der westlichen Welt aktuell wie nie. Viele Menschen sind auf der Suche nach einer ausgewogenen und achtsamen Ernährungsweise, die leicht in den Alltag zu integrieren und ein ganzes Leben lang praktizierbar ist. Genau hier kommt die Clean-Eating-Bewegung ins Spiel.

Clean Eating ist eine Ernährungsweise, die aus den USA kommt und auch hier bei uns immer mehr Anhänger findet. Denn wer nach den Clean-Eating-Regeln lebt, ernährt sich gesünder und fühlt sich dadurch meist auch deutlich besser. Clean Eating bedeutet übersetzt „sauberes" bzw. „reines

Essen" und besagt, dass man sich in erster Line von frischen, naturbelassenen Lebensmitteln ernähren soll, die noch nicht von der Nahrungsmittelindustrie verarbeitet wurden. So ist zum Beispiel eine frische Birne clean, während dagegen ein industriell hergestelltes Birnenkompott aus der Dose nicht clean ist. Denn in dem industriell hergestellten Birnenkompott sind neben eingekochten Birnen auch etliche chemische Zusatzstoffe wie Geschmacksverstärker und Konservierungsmittel enthalten. Manche dieser Konservierungsstoffe stehen unter dem Verdacht, Allergien, Kopfschmerzen, Verdauungsprobleme oder sogar Krebs auszulösen, weshalb es ratsam ist, diese so gut es geht zu meiden. Zusätzlich regen Geschmacksverstärker den Appetit an und wir essen mehr, als wir eigentlich vorhatten. Das natürliche Sättigungsgefühl rückt in den Hintergrund und Übergewicht ist vorprogrammiert.

Zucker meiden und Fette reduzieren

Wer sich nach den Clean-Eating-Prinzipien ernährt, erspart seinem Körper also viele negative Nebenwirkungen der industriellen Zusatzstoffe und erhält im Gegenzug etliche gesunde Vitalstoffe und Nährstoffe aus natürlichen Lebensmitteln. Clean Eating heißt außerdem, nach Möglichkeit industriell hergestellten Haushaltszucker zu meiden, tierische Fette wie Wurst und Käse zu reduzieren und Weißmehlprodukte durch Vollkornalternativen zu ersetzen.
Lernen Sie auf den nächsten Seiten die Clean-Eating-Regeln kennen und erfahren Sie, wie Sie diese in Ihrem in-

dividuellen Alltag umsetzen können. Bei dieser Gelegenheit werden Sie gesunde Lebensmittel kennenlernen, die Ihnen vielleicht bis jetzt noch nicht so geläufig sind, wie Quinoa, Chiasamen oder Süßkartoffeln, und die kulinarische Abwechslung in Ihren Speiseplan bringen. Außerdem finden Sie in diesem Buch allgemeine Informationen rund um das Thema gesunde Ernährung und Anleitungen zu einem ausgewogenen und nachhaltigen Lebensstil. Da jede Ernährungsumstellung im Kopf beginnt, erhalten Sie zudem noch Tipps für einen achtsamen Umgang mit sich selbst und mit Ihrer Ernährung. Im Rezeptteil warten dann 45 köstliche Clean-Eating-Rezepte auf Sie, die zeigen, wie lecker gesunde und naturbelassene Gerichte sein können. Viel Spaß beim Kennenlernen und Ausprobieren!

Von Fast Food zu Clean Eating: Ernährungstrends im Überblick

Aktuell gibt es im Bereich Ernährung zwei Hauptströmungen, die interessanterweise komplett gegensätzlich sind. Auf der einen Seite finden wir den Trend zu schnellem Essen: Wenn schon selbst gekocht wird, sollte das Kochen so schnell wie möglich gehen. Deshalb gibt es auf dem Markt immer mehr Fertiggerichte, Tütensuppen, Fix-Soßen und eingeschweißte, verzehrfertige Lebensmittel. Das alles sind sogenannte Convenience-Produkte. Der Begriff „Convenience" kommt aus dem Englischen und bedeutet „Bequemlichkeit". Bei Convenience-Produkten werden dem Konsumenten Zubereitungsschritte abgenommen, weshalb sie besonders gern ausgewählt werden, wenn es schnell gehen muss. Ein typisches Convenience-Gericht ist zum Beispiel fertig gewaschener und schon zerkleinerter Blattsalat, der in der Plastiktüte verkauft wird und schließlich mit einem Fertigdressing angemacht wird. Die Zubereitung des Salates, das Waschen, Verlesen, Trocknen und Zerkleinern, wird also von der Nahrungsmittelindustrie übernommen. Der Verbraucher muss also nur noch die Verpackung öffnen und spart sich jede Menge Zeit.

Einen traurigen Höhenpunkt des „bequemen Essens" stellen beispielsweise auch gekochte Eier dar, die bereits geschält sind und in einer Plastikhülle verkauft werden. Analog dazu gibt es geschälte Orangen, die eingeschweißt angeboten werden. Hier wurde die Schale, also die natürliche „Verpackung" durch Plastik ersetzt, damit der Konsument nichts mehr schälen muss und noch schneller essen kann. Die negativen Seiten der Convenience-Produkte sind die vielen Zusatzstoffe, mit denen sie behandelt werden,

und die Tonnen an Plastikmüll, die durch ihre Verpackung anfallen. Convenience-Produkte belasten also nicht nur den menschlichen Organismus, sondern auch die Umwelt.

Glücklicherweise setzt sich derzeit noch ein anderer Ernährungstrend durch: der Trend zum kreativen Kochen und zur gesunden und nachhaltigen Ernährung. Kochen ist wieder „in". Das zeigen die vielen Kochshows im Fernsehen und das vielfältige Angebot von Kochkursen an den Volkshochschulen. Viele Menschen, die das Kochen für sich neu entdecken, möchten sich und der Umwelt etwas Gutes tun und greifen zu Bio-Obst und Bio-Gemüse. Einige von ihnen kaufen auf dem Wochenmarkt oder lassen sich regelmäßig von einem Bauern eine Kiste mit Bio-Produkten aus der Region liefern, damit sie mit besonders frischen und nährstoffreichen Lebensmitteln kochen können. Clean Eating passt genau zu diesem Trend. Die sogenannten Clean Eater kaufen bewusst frische Lebensmittel, wenn möglich, bio und regional, und verarbeiten sie selbst.

Mehr Rückbesinnung statt Neuerung

Doch ist Clean Eating wirklich etwas Neues? Haben unsere Großmütter nicht auch schon clean gekocht? Tatsächlich ist Clean Eating eine Rückbesinnung auf die Kochkünste unserer Vorfahren. Andererseits haben unsere Großmütter auch oft mit vielen tierischen Fetten wie Butter oder Sahne gekocht. Heute weiß man, dass man tierische Fette, Zucker und Weißmehl nur in geringen Maßen konsumieren und vor allem Obst und Gemüse verarbeiten sollte. Clean Eating

geht deshalb noch einen Schritt weiter: Es handelt sich um eine ganzheitliche Ernährungsumstellung, die achtsames Kochen mit gesunder und moderner Ernährung verbindet.

Gründe für eine Ernährungsumstellung

Eine Ernährungsumstellung bedeutet, dass wir sowohl unsere Lebensmittelauswahl als auch unser Essverhalten umstellen. Das heißt, wir verändern, was wir essen und wie wir es essen. Im Gegensatz zu einer Diät, die nur über einen gewissen Zeitraum praktiziert wird und oft mit strikten Verboten von ganzen Lebensmittelgruppen daherkommt, soll bei der Ernährungsumstellung ein ausgewogenes und trotzdem genussvolles Essverhalten etabliert werden. Das Ziel einer Ernährungsumstellung ist immer, etwas für seine Gesundheit und sein Wohlbefinden zu tun. Verschiedene Gründe können hierfür die Auslöser sein. Manchen Menschen empfiehlt der Arzt, die Ernährung aus gesundheitlichen Gründen umzustellen. Viele Ärzte raten zum Beispiel Herzinfarktpatienten, sich gesünder zu ernähren, indem sie tierische Fette reduzieren und auf eine ballaststoff- und vitaminreiche Kost achten. Auch Verdauungsprobleme kommen oft von einer ungesunden Ernährungsweise und lassen sich mit einer schonenden, gesunden Kost wieder in den Griff bringen. Und neben etlichen gesundheitlichen Gründen erhoffen sich viele Menschen von einer gesunden Ernährung mehr Vitalität und Lebensfreude. Sind erst

mal Kinder unterwegs, wird das Thema der gesunden Ernährung für viele besonders wichtig. Der Nachwuchs soll
möglichst gesunde und nährstoffreiche Nahrung erhalten,
damit sich der kleine Organismus gut entwickeln kann.

Auf all diese Gründe für eine Ernährungsumstellung ist
Clean Eating die Antwort. Frische Lebensmittel, achtsamer
Genuss und Freude an der Herstellung von hochwertigen
Gerichten stehen hier im Mittelpunkt. Anstatt ganze Lebensmittelgruppen zu verbieten und Verzicht zu predigen,
regt Clean Eating viel mehr zu kreativem Selbermachen
und umsichtigem Konsum an.

So funktioniert die Ernährungsumstellung bei Clean Eating

Eines vorweg: Bei Clean Eating können Sie, falls Sie es
möchten, auch weiterhin Fleisch, Eier und Milchprodukte
essen, und Sie können die meisten Clean-Eating-Rezepte in
diesem Buch mit herkömmlichen Lebensmitteln aus dem

Supermarkt zubereiten. Clean Eating ist ein ganzheitliches Ernährungskonzept, das viel Kreativität und Achtsamkeit fördert. Das heißt zum einen, dass Sie sich mit den Lebensmitteln befassen, die Sie essen, und dass Sie Essen und Kochen für sich neu entdecken. Denn wer sich gesund ernährt, fühlt sich besser und ist auch leistungsfähiger.

Zur Clean-Eating-Philosophie gehört auch, mehr Bewegung in seinen Alltag zu integrieren. Je nachdem, wo Sie gerade stehen, kann ein Plus an Bewegung erst einmal bedeuten, dass sie eine halbe Stunde am Tag spazieren gehen. Oder, wenn Sie schon fitter sind, könnten Sie beispielsweise anfangen, auf einen Stadtlauf hin zu trainieren. Das dritte wichtige Element von Clean Eating ist die achtsame Ernährung. Bewusstes Einkaufen, entschleunigtes Kochen und achtsamer Genuss sind ein wichtiger Teil der Clean-Eating-Philosophie.

Das ganzheitliche Konzept von Clean Eating

Clean Eating ist ein umfassendes Ernährungs- und Lebenskonzept. Es steht auf drei Säulen: einer Ernährungsumstellung in Form von einfachen Ernährungsregeln, einer langsamen Steigerung der täglichen Bewegung und einem achtsamen Umgang mit sich selbst. Clean Eating bedeutet also nicht nur eine Veränderung der Ernährung, sondern auch eine Veränderung des Lebensstils. Nach und nach werden Sie durch Clean Eating einen nachhaltigeren und gesünderen Lebensstil entwickeln, der Ihnen guttun wird. Sie können durch Clean Eating auch Ihr Gewicht reduzieren,

Vorteile von Clean Eating

- Symptome von Diabetes und Allergien können sich deutlich verbessern oder sogar verschwinden
- Fitness, Leistungsfähigkeit und Wohlbefinden steigern sich schon nach kurzer Zeit
- Haare und Nägel werden kräftiger und Hautbild verbessert sich
- Schlaf wird besser, wodurch sich die allgemeine Vitalität steigert
- neue Geschmackserlebnisse mit spannenden Zutaten

wobei das nicht das oberste Ziel der cleanen Ernährungsumstellung ist. Wer mit Clean Eating abnehmen möchte, sollte sich vor allem an die im Buch angegebenen Portionsgrößen halten. Denken Sie auch daran, dass beispielsweise Nüsse, die bei Clean Eating eine große Rolle spielen, zwar sehr gesund sind, aber auch viel Fett enthalten. Sie werden wahrscheinlich nicht abnehmen, wenn Sie pro Tag eine Tüte Nüsse leeren. Naschen Sie lieber zwischendurch Obst und Gemüsesticks.

Die Clean-Eating-Regeln

Die Clean-Eating-Regeln sind Empfehlungen. Sehen Sie diese Regeln bitte als Wegweiser und nicht als Zwang. Denn Clean Eating soll Sie auf eine angenehme Art zu einem gesünderen Leben führen. Wenn Sie ab und an in alte Ernährungsmuster zurückfallen, ist das kein Problem.

Essen Sie frische Lebensmittel ohne chemische Zusätze

Stellen Sie sich vor, in Ihrem Supermarkt steht im Lebensmittelregal eine Dose mit der Aufschrift „Natriumbenzoat". Würden Sie diese Dose kaufen und sich das Pulver zu Hause ins Essen rühren? Wohl kaum. Würden Sie Natriumbenzoat verwenden, wenn Sie wüssten, dass es ein Konservierungsstoff ist, der Allergien auslösen kann und die Leber belastet? Garantiert nicht! Dennoch haben die meisten von uns Lebensmittel im Kühlschrank stehen, die genau dieses Natriumbenzoat und etliche andere künstliche Zusatzstoffe enthalten. Viele Menschen wissen nicht, dass diese Zusatzstoffe schädlich sein können. Bei einem unbekannten Stoff wie Natiumbenzoat kann man sich das vielleicht denken, aber was ist beispielsweise mit Zitronensäure? Die klingt vergleichsweise harmlos. Zitronensäure findet sich sehr oft in industriell verarbeiteten Lebensmitteln. Es handelt sich dabei aber keineswegs um den Saft aus einer frischen Zitrone, sondern um eine künstlich hergestellte Zitronensäure, die bei täglichem Verzehr den Zahnschmelz angreifen kann.

Ähnlich verhält es sich mit den „natürlichen Aromen". Man sollte meinen, dass diese Zusatzstoffe auch in der Natur vorkommen. Aber das stimmt so nicht. Als „natürliche Aromen" darf auch ein Aromagemisch bezeichnet werden, dass aus Stoffwechselprodukten von Schimmelpilzen hergestellt wird. Vanillin gewinnt man beispielsweise mit Hilfe von Mikroorganismen aus Nelkenöl. Es hat also überhaupt nichts mehr mit einer Vanilleschote zu tun. Bleiben Sie deshalb bei allen Zusatzstoffen kritisch, auch wenn sie ganz unbedenklich klingen. Oft wissen wir, dass dieser oder jener Zusatzstoff schädlich sein kann. Wir kaufen das Produkt aber trotzdem, weil es in günstigen Supermärken wenig industriell hergestellte Lebensmittel ohne chemische Zusatzstoffe gibt. Hier können Sie als Konsument jedoch viel erreichen: Je weniger Lebensmittel mit künstlichen Zusätzen gekauft werden, umso eher wird sich die Nahrungsmittelindustrie umstellen und tatsächlich natürliche Zutaten verwenden.

Doch bis es so weit ist, gilt die zentrale Regel von Clean Eating: Kaufen Sie in erster Linie unverpackte, natürliche Lebensmittel wie Obst und Gemüse. Falls Sie dennoch etwas Verpacktes kaufen, machen Sie immer den Clean-Eating-Griff! Nehmen Sie das Produkt in die Hand und drehen es um, damit Sie die Zutatenliste sehen können. Enthält das Produkt chemische Zusätze, Zucker oder Weißmehl, kaufen Sie es besser nicht.

Ihre Ernährung sollte vorwiegend aus frischen, unverarbeiteten Lebensmitteln bestehen, denn diese sind noch voll mit Vitaminen, Mineralstoffen und Ballaststoffen. Unser Körper braucht fast 200 unterschiedliche Nährstoffe, um gut zu funktionieren. Bekommt er auf Dauer zu wenig Vitamine und andere Vitalstoffe, lässt die körperliche Leistungsfähigkeit nach.

Ausgewogene Ernährung hilft

Achten Sie vor allem in stressigen Lebensphasen auf eine ausgewogene Ernährung, denn dann braucht Ihr Körper besonders hochwertigen „Treibstoff". Auch wenn es uns nicht besonders gut geht, ist eine gesunde Ernährung mit viel frischen Lebensmitteln wichtig. Bei depressiven Verstimmungen kann eine ausgewogene Kost sogar die Laune heben und einige Krankheiten heilen schneller aus.

Meiden Sie Zucker und Weißmehl

Zucker und Weißmehl bestehen hauptsächlich aus sogenannten einfachen oder kurzkettigen Kohlenhydraten. Diese Kohlenhydrate kann unser Körper schnell aufnehmen, wodurch der Blutzuckerspiegel in die Höhe springt. Unter Blutzucker versteht man die Höhe des Glukoseanteils im Blut. In der Fachsprache sagt man deshalb, Zucker und Weißmehl haben einen hohen glykämischen Index. Ein Stück Traubenzucker oder Toastbrot gibt dem Körper also einen starken, aber kurzen Energieschub. Der Blutzuckerspiegel fällt danach jedoch wieder rasch ab und wir fühlen uns wieder hungrig und schlapp. Diese Berg- und Talfahrt des Blutzuckerspiegels bekommt uns nicht gut. Sie begünstigt auch die Entstehung von Krankheiten wie Diabetes. Außerdem können wir nach diesem kurzen, durch Zucker ausgelösten, „Energiekick" süchtig werden. Wer regelmäßig Süßigkeiten isst, kommt deshalb meist nur sehr schwer wieder davon los.

Vollkorn ist Trumpf!

100 g Vollkornbrot enthalten durchschnittlich: 6,5 mg Ballaststoffe, 2,6 mg Eisen, 73 mg Magnesium und 2 mg Zink. 100 g Weißbrot kommt nur auf durchschnittlich 3,2 mg Ballaststoffe, 0,7 mg Eisen, 24 mg Magnesium und 0,7 mg Zink. Ein guter Grund also, Vollkornprodukte ihren Konkurrenten aus Weißmehl vorzuziehen.

Greifen Sie deshalb lieber zu Lebensmitteln mit sogenannten komplexen oder langkettigen Kohlenhydraten. Sie haben einen niedrigen glykämischen Index. Das bedeutet, die langkettigen Kohlenhydrate müssen zuerst in kurzkettige Kohlenhydrate aufgespalten werden und werden somit vom Körper langsamer aufgenommen. Der Blutzuckerspiegel steigt nur langsam an, bleibt aber lange auf einem hohen Niveau. Deshalb geben uns komplexe Kohlenhydrate auf Dauer mehr Energie und wir sind länger satt. Komplexe Kohlenhydrate sind hauptsächlich in Obst, Gemüse und Vollkornprodukten enthalten. Ein Vollkornbrot sättigt also besser als ein Stück Toast.

Eine wichtige Clean-Eating-Empfehlung lautet daher: Essen Sie Getreideflocken, Vollkornbrot, Vollkornnudeln und Vollkornreis, denn diese Lebensmittel sättigen besser.

Clean süßen mit Honig

100 g durchschnittlicher Bienenhonig enthält unter anderem 2 mg Vitamin C, 1,3 mg Eisen und 45 mg Kalium. Die gleiche Menge Haushaltszucker hat gar keine Vitamine, 0,3 mg Eisen und 2,2 mg Kalium.

Zwischen einfachen und komplexen Kohlenhydraten gibt es noch einen anderen wichtigen Unterschied: Lebensmittel mit einfachen Kohlenhydraten, zum Beispiel Toastbrot, liefern dem Körper ausschließlich Energie. Sie enthalten praktisch keine Vitamine, Mineralstoffe oder sonstige Nährstoffe, die dem Körper nutzen könnten. Wir sprechen deshalb bei Zucker und Weißmehl auch von „leeren Kalorien". Das liegt daran, dass während der industriellen Verarbeitungsprozesse wertvolle Inhaltsstoffe ausgesiebt werden. Den Verarbeitungsgrad können Sie an der Typenbezeichnung des Mehls ablesen. Ein Vollkorn-Mehl der Typs 1800 hat noch deutlich mehr Mineralstoffe, Ballaststoffe, Spurenelemente und Vitamine als ein Auszugsmehl mit der Bezeichnung 405. Auch Haushaltszucker enthält keine Vitalstoffe mehr. Regelmäßiger Zuckerkonsum kann außerdem zu Übergewicht, Diabetes und Zahnschäden führen. Deshalb sollten Sie Zucker aus dem Weg gehen, was nicht wirklich leicht ist, denn Zucker ist in fast allen industriell hergestellten Lebensmitteln enthalten. Selbst für pikante Produkte wie Fertigpizza oder Chips wird bei der Herstellung Zucker verwendet. Doch die Bezeichnung „Zucker" findet sich relativ selten auf den Zutatenlisten. Da Zucker als Dickmacher bekannt ist, verwendet die Lebensmittelindustrie gerne andere Bezeichnungen für Zucker, z. B. Maltose, Dextrose, Glukose etc. Sie tun Ihrer Gesundheit einen großen Gefallen, wenn Sie keine Lebensmittel kaufen, die Zucker enthalten. Machen Sie Ihre Süßspeisen lieber selbst! Im Rezeptteil finden Sie köstliche Rezepte für Desserts und Naschereien. Statt herkömmlichen Zucker wird bei diesen Rezepten beispielsweise Honig oder Ahornsirup verwendet, die mehr Nährstoffe enthalten als Haushaltszucker und deren Herstellungsprozess meist naturnaher ist als beim klassischen Zucker. Außerdem lassen sich Honig und Sirupe aufgrund ihrer klebrigen Konsistenz wunderbar zu Kugeln verarbeiten, zum Beispiel zu den Energie-Bällchen, die Sie unter der Rubrik „Snacks für unterwegs" finden.

Süß durch Fruktose

Sie können auch versuchen, die Lust auf Süßes mit Obst zu befriedigen. Denn auch im Obst findet sich eine Zuckerart,

Vermeiden Sie die Zuckerfalle

Um versteckte Zucker in der Zutatenliste zu entdecken, muss man kein Lebensmittelchemiker sein. Mit folgender Faustregel lassen sich die verschiedensten Zuckerarten identifizieren: Endet ein Inhaltsstoff auf „ose" (z.B. Fruktose, Glukose, Laktose), handelt es sich immer um einen Zucker.

die sogenannte Fruktose. Allerdings wird Fruktose, ähnlich wie der Milchzucker Laktose, im Körper langsamer verdaut, und der Blutzuckerspiegel steigt deshalb nicht so schnell an. Diese beiden Zuckerarten sind zudem in nährstoffreiche Lebensmittel „eingebettet". Wer einen Apfel isst, führt seinem Körper damit nicht nur Fruktose, sondern zum Beispiel auch Vitamin C und Ballaststoffe zu. Dennoch: Auch Laktose und Fruktose sind Zuckerarten, und Sie sollten diese deshalb in Maßen genießen. Auch zu viel Obst und Vollmilch kann zu Übergewicht führen!

Es gibt noch eine weitere Möglichkeit, Zucker zu vermeiden. Machen Sie es wie die Ureinwohner Brasiliens - süßen Sie ganz natürlich mit Steviablättern. Geben Sie dafür ein paar Blätter einer Steviapflanze in eine Tasse und übergießen Sie diese mit heißem Tee. Das heiße Wasser löst den süßenden Stoff, die Steviolglykoside, aus den Blättern und Ihr Tee wird süß! Steviablätter sind kalorienfrei und haben keine der Nachteile, die Zucker hat. Sie können Ihren Tee auch mit Steviapulver süßen, das Sie aus selbst getrockneten und zerstoßenen Steviablättern gewinnen. Bereiten Sie Ihre Steviasüße immer selbst zu, denn Steviatabletten und -granulate aus dem Drogeriemarkt enthalten künstliche Zusatzstoffe und widersprechen somit dem Clean-Eating-Prinzip.

Kombinieren Sie Kohlenhydrate, Eiweiße und gesunde Fette

Bei Clean Eating spielen nicht nur komplexe Kohlenhydrate eine große Rolle, auch Eiweiß und gesunde Fette sollten in Ihrer täglichen Ernährung nicht fehlen. Am besten kombinieren Sie diese drei Nährstoffe bei jeder Mahlzeit, denn dieses Trio macht Sie lange satt und Ihr Körper profitiert

Meiden Sie Alkohol

Alkohol regt den Appetit an, verlangsamt den Körperstoff-wechsel und kann bei häufigem Genuss krank machen. Für eine gesunde Frau sind laut der Deutschen Gesellschaft für Ernährung 10 g Alkohol gesundheitlich verträglich. Ein Glas Sekt ist also völlig in Ordnung, denn es enthält nur 8,9 g Alkohol. Anders sieht es schon bei einem Glas Rotwein mit 19 g Alkohol aus. Männer vertragen 20 g Alko-hol, wobei auch diese nicht täglich getrunken werden sollten. Kaufen Sie deshalb keine Produkte mit zugesetztem Alkohol, z. B. Weincreme oder Fertig-Tiramisu, und trinken Sie alkoholische Getränke niemals gegen den Durst. Ab und an ein Glas guten Wein oder ein Sekt zum Anstoßen kann unser Körper vertragen und ist mit einer gesunden Lebensweise durchaus vereinbar. Mehr sollten Sie Ihrem Körper nicht zumuten.

davon. Komplexe Kohlenhydrate sind nicht nur wichtige Energielieferanten, sondern sie enthalten auch noch wert-volle Ballaststoffe. Diese sind unverdauliche Kohlenhydra-te mit einer wichtigen Aufgabe: Sie fungieren als Personal-Fitness-Trainer für unseren Darm. Dank Ballaststoffen bleibt unser Darm in Bewegung und das tut ihm gut. In der chinesischen Medizin spielt der Darm schon lange eine zen-trale Rolle, und auch hierzulande erkennen immer mehr Mediziner, wie wichtig ein gesunder Darm ist. Wissenschaft-ler nehmen inzwischen sogar an, dass manche Depressio-nen mit einem trägen Darm zusammenhängen könnten und dass eine ballaststoffreiche Kost unsere Stimmung hebt. Deshalb sollten wir pro Tag mindestens 30 Gramm

Ballaststoffe zu uns nehmen. Hundert Gramm Vollkorn-haferflocken enthalten beispielsweise knapp 12 Gramm Ballaststoffe.

Eiweiße oder Proteine sind ein weiterer wichtiger Baustoff für unseren Körper. Etliche Körperzellen enthalten Proteine. Ohne Proteine könnte unser Körper auch keine Hormone produzieren. Wir haben deshalb einen relativ hohen Bedarf an Proteinen. Wir sollten pro Tag 0,8 Gramm Proteine pro Kilo Körpergewicht essen. Wer 80 Kilo wiegt, sollte deshalb ca. 64 Gramm Proteine zu sich nehmen. Tierische Proteine sind in Butter, Fleisch, Wurst, Käse und sämtlichen Milchprodukten enthalten. Hundert Gramm Quark enthalten beispielsweise 14 Gramm tierische Proteine. Hülsenfrüchte wie Bohnen oder Linsen und Pseudogetreide wie Quinoa liefern hingegen pflanzliche Proteine. 100 Gramm Quinoa liefern zum Beispiel 14 Gramm Protein.

Bei Clean Eating sollten Sie öfter pflanzliche als tierische Proteine wählen. Denn die Produkte mit tierischem Eiweiß sind oft industriell stärker behandelt und enthalten

Getreide-Alternativen

Quinoa, Buchweizen und Amarant sind botanisch gesehen keine Getreidesorten. Die Samen dieser sogenannten Pseudogetreide haben einen sehr hohen Proteingehalt und eignen sich hervorragend als pflanzliche Eiweißquelle. Wer außerdem seinen Kohlenhydratverbrauch reduzieren möchte, kann viele Getreideprodukte durch Quinoa, Amarant und Co. ersetzen.

gesättigte Fettsäuren. Gesättigte Fettsäuren findet man in tierischen Produkten, zum Beispiel Butter, Fleisch, Wurst und Käse. Diese Fettsäuren können die Fließeigenschaften des Blutes negativ beeinflussen und so Herz-Kreislauf-Erkrankungen wie Herzinfarkt und Schlaganfall begünstigen. Wählen Sie deshalb lieber Lebensmittel mit ungesättigten Fettsäuren. Gesunde Fette sind in Ölen, Nüssen, Avocados, Oliven und Samen enthalten und sollten auf dem täglichen Speiseplan stehen. Verzichten Sie keinesfalls komplett auf Fette, denn diese sind ein wichtiger Bestandteil der Körperzellen und helfen bei der Verstoffwechselung etlicher Vitamine. Im Rezeptteil finden Sie viele Beispiele, wie aus der Verbindung von komplexen Kohlenhydraten, Eiweiß und gesunden Fetten köstliche und gesunde Mahlzeiten und Snacks werden.

Frühstücken Sie täglich

Ein gutes Frühstück ist keine Selbstverständlichkeit mehr. Viele Menschen trinken morgens nur eine schnelle Tasse Kaffee und essen auf dem Weg zur Arbeit ein fettiges Weißmehlprodukt aus der Bäckerei, zum Beispiel ein Croissant. Der Blutzuckerspiegel schießt kurz in die Höhe und die Heißhungerattacke im Büro ist schon vorprogrammiert. Beginnen Sie deshalb jeden Tag mit einem ausgewogenen und sättigenden Frühstück. So tanken Sie für den ganzen Tag Kraft. Besonders für Kinder und Jugendliche ist ein ausgewogenes Frühstück sinnvoll, da sie schon frühmorgens in der Schule leistungsfähig sein müssen.

Mit einer guten Grundlage im Magen bekommt man tagsüber auch weniger Hunger und seltener Appetit auf Süßes. Frühstücken Sie am besten in der ersten Stunde nach dem

Aufstehen, so erhalten Sie gleich Energie, die Sie für einen aktiven Start in den Tag benötigen. Außerdem sollten Sie sich für das Frühstück Zeit nehmen. Je entspannter Sie in den Morgen starten, umso entspannter wird Ihr Tag. Ein gesundes Clean-Eating-Frühstück kann beispielsweise ein Haferbrei mit Leinsamen, Obst und Naturjoghurt sein. Oder essen Sie am Morgen lieber herzhaft? Dann wäre ein Rührei mit Kräutern und Avocado und einer Scheibe Vollkornbrot zu empfehlen.

Im Rezeptteil finden Sie einige ausgewogene Frühstücksrezepte, um gut gesättigt in den Tag zu starten. Probieren Sie aus, welche Lebensmittelkombinationen Ihnen morgens guttun und schmecken. Einige dieser Rezepte lassen sich auch gut vorbereiten, um morgens ohne viel Arbeit schon ein fertiges Frühstück zu haben. Probieren Sie doch zum Beispiel die Overnight Oats im Rezeptteil. Diesen Frühstücksbrei setzen Sie am Vorabend an, am nächsten Morgen ist er dann verzehrfertig.

Tipps für das schnelle Frühstück

Falls es einmal ganz schnell gehen muss, essen Sie direkt nach dem Aufstehen eine Banane oder eine Handvoll Nüsse und nehmen Sie Ihr Frühstück mit in die Arbeit. Dort können Sie es in der Frühstückspause genießen. Optimal zum Mitnehmen eigenen sich beispielsweise die Frühstückskekse mit Haferflocken, die Sie schon am Abend vorher in Ihre Tasche packen können. Sie eignen sich übrigens auch hervorragend als Pausenbrot für große und kleine Kinder.

Essen Sie 5–6 kleine Mahlzeiten am Tag

Der menschliche Körper ist am leistungsfähigsten, wenn er regelmäßig mit Energie versorgt wird. Deshalb ist es keine gute Idee, den ganzen Tag über nur zu naschen und dann abends vor lauter Hunger einen Riesenberg Spaghetti zu vertilgen. Dieses Essmuster ist leider keine Seltenheit, vor allem bei stressigen Berufen vergessen viele Menschen zu essen. Das Resultat ist, dass sie den ganzen Tag nicht wirklich fit sind und ihren Blutzuckerspiegel mit einfachen Kohlenhydraten wie Traubenzucker oder Schokolade hochpushen müssen. Das hilft jedoch nur kurzfristig. Meist ist man dann abends zu hungrig, um etwas Gesundes zu kochen und schiebt eine Fertigpizza in den Ofen. Auf Dauer nimmt man bei dieser Ernährungsweise viel Zucker und gesättigte Fettsäuren und wenig wichtige Nährstoffe wie Vitamine und Ballaststoffe zu sich. Das belastet den Körper und führt mit großer Wahrscheinlichkeit zu Übergewicht. Machen Sie es anders! Achten Sie darauf, dass Ihr Blutzuckerspiegel den ganzen Tag über auf einem hohen Niveau bleibt. Das erreichen Sie am besten, wenn Sie mehrere kleine Mahlzeiten am Tag essen. Die genaue Zahl der Mahlzeiten ist nicht festgelegt. Der eine braucht nur vier Mahlzeiten und ist den ganzen Tag voller Energie, dem anderen tun sechs Mahlzeiten gut, wovon eine zum Beispiel ein Smoothie sein kann. Alle Mahlzeiten sollten aus cleanen Lebensmitteln bestehen. Nur so sind Sie wirklich tagsüber mit allen wichtigen Nährstoffen versorgt und voll leistungsfähig. Egal, zu welcher Tageszeit

Sie essen: Lenken Sie sich nicht ab! Konzentrieren Sie sich auf Ihre Mahlzeit und schauen Sie nicht gleichzeitig fern oder surfen mit dem Handy im Internet. Je achtsamer und langsamer Sie essen, desto mehr Genuss werden Sie haben.

Wie groß sollte eine Mahlzeit sein?

Die Clean-Eating-Regel lautet: 5–6 kleine Mahlzeiten am Tag. Die Mahlzeiten sollten jeweils aus kleinen Portionen Eiweiß, Gemüse, Obst oder Kohlenhydrate bestehen. Aber was ist eine kleine Portion? Das ist für jeden Menschen unterschiedlich. Für einen großen, kräftigen Mann besteht eine kleine Portion vielleicht aus 150 Gramm Nudeln, was für eine kleine, zierliche Frau viel zu viel wäre. Nehmen Sie deshalb Ihre eigene Hand als Maßstab. Da ein großer Mann meist auch große Hände hat und eine kleine Frau eher kleine Hände, kann man daraus die passende Portionsgröße ableiten. Hören Sie außerdem immer auf zu essen, wenn Sie satt sind! Zu große Essensmengen belasten den Körper, verringern Ihre Leistungsfähigkeit und verursachen Übergewicht.

So bestimmen Sie Ihr Sättigungsgefühl

„Mann, ich bin pappsatt!" Wenn jemand das sagt und dazu noch den Gürtel weiter macht, hat er schon zu viel gegessen. Leider fällt es uns oft schwer festzustellen, wann wir satt sind und wann wir schon zu viel gegessen haben. Essen Sie deshalb immer langsam, machen Sie ab und an Pausen und spüren Sie immer wieder in sich hinein. Wie fühlt sich

Ihr Magen gerade an? Leer, halb gefüllt oder schon zum Platzen? Sie sollten aufhören zu essen, wenn Ihr Magen angenehm gefüllt ist und Sie sich noch gut bewegen können. Angenommen, Sie haben noch einen halben Teller mit unseren süßen Buchweizenpfannkuchen aus dem Rezeptteil vor sich und möchten wissen, ob Sie schon satt sind, dann fragen Sie sich: Würde ich statt den Pfannkuchen jetzt auch ein Stück trockenes Brot essen? Wenn Sie spontan Ja denken, dann sind Sie noch hungrig und können ruhig weiteressen. Wenn Sie dagegen absolut keine Lust auf trockenes Brot haben, sondern nur noch auf den Pfannkuchen, sind Sie wahrscheinlich schon satt. Denn echter Hunger ist unspezifisch, das heißt, bei echten Hungeranzeichen wie Schlappheit oder Magenknurren würden wir (fast) alles essen. Appetit ist spezifisch. Wenn es also unbedingt dieser Schokoriegel sein soll, ist es nicht Hunger, sondern nur noch Appetit.

Trinken Sie täglich 2–3 Liter Wasser

Unser Körper besteht zu 60 Prozent aus Wasser, der von Babys sogar zu 80 Prozent. Wasser wird praktisch bei allen Stoffwechselvorgängen gebraucht und unsere Organe funktionieren nur, wenn sie mit Wasser durchflutet werden. Auch das Gehirn benötigt Wasser, um gut zu arbeiten.

Da wir pro Tag mindestens 2 bis 3 Liter Wasser ausscheiden, müssen wir diesen Verlust immer wieder ausgleichen. Sonst kann es zur sogenannten Dehydrierung kommen, wodurch die Nieren nicht mehr richtig arbeiten oder die Haut wird fahl. Deshalb bedeutet Clean Eating auch, genug zu trinken. Sie sollten pro Tag mindestens 2 bis 3 Liter Wasser trinken; wenn Sie viel schwitzen, noch mehr. Bei Clean Eating spielt frisches, reines Wasser eine zentrale Rolle. Bevorzugen Sie immer Wasser und meiden Sie zuckerhaltige Getränke sowie Getränke mit Süßstoff und auch Säfte. Denn ein Glas Apfelsaft enthält genauso viel Zucker wie ein

Glas Cola. Wer kein reines Wasser mag, kann auch zu ungesüßten Kräuter- oder Fruchttees greifen.

Tipps für regelmäßiges Trinken

Sie können sich auch bis zu vier Tassen Kaffee oder schwarzen Tee pro Tag zur Trinkmenge anrechnen. Obwohl Trinken so wichtig ist, vergessen wir es ab und an. Dagegen können Sie einiges tun: Stellen Sie sich stündlich einen Wecker als „Trinkerinnerung", oder lassen Sie sich von Ihrem Handy regelmäßig ans Trinken erinnern. Es gibt etliche hilfreiche Trink-Apps, die Ihnen auf eine nette Art sagen, wann es Zeit zum Trinken ist. Manche Menschen haben es sich angewöhnt, nach jedem Toilettengang ein Glas Wasser zu sich zu nehmen oder nach jedem Telefonat zu trinken. Es gibt auch die Möglichkeit, eine Wasserflasche an Ihren Arbeitsplatz zu stellen, sodass Sie diese immer im Blick haben. Falls Sie bis jetzt eher zu den Wenigtrinkern gehören, kann Ihnen ein Notizblock oder eine Notizfunktion im Handy helfen. Notieren Sie sich jedes getrunkene Glas, dann sehen Sie am Abend, ob Sie genügend getrunken haben oder nicht.

Manchmal fällt uns das Trinken auch schwer, oder wir möchten ein bisschen Abwechslung. Auch dafür gibt es ein paar Tricks. Sie können sowohl Leitungswasser trinken als auch Mineralwasser. Achten Sie auf Abwechslung und probieren Sie immer mal wieder ein neues Wasser aus. Oder Sie kaufen sich ein schönes Glas oder einen peppigen Strohhalm, damit Trinken etwas ganz Besonderes wird. Es gibt Menschen, die behaupten, dass Ihnen das Wasser besser schmeckt, wenn es aus einer Karaffe kommt, auf deren Boden Edelsteine wie Amethyst oder Bergkristall liegen. Dafür gibt es auch spezielle Karaffen mit Edelsteinfach.

Eine andere Möglichkeit ist, Wasser mit Früchten oder Gewürzen zu aromatisieren. Geben Sie dafür ein paar Stängel Minze, einige Scheiben Ingwer oder einige Obststücke wie Zitronen- oder Limettenscheiben in eine Karaffe oder einen Krug. So können Sie immer neue Geschmacksrichtungen kreieren. Für unterwegs gibt es zudem gut verschließbare Wasserflaschen mit Aromafach, das lässt sich mit Obst oder Kräutern befüllen, deren Aromastoffe ins Wasser übergehen. Wenn Ihnen das Trinken einmal schwerfällt, denken Sie bitte an Ihre Haut. Klares Wasser ist das beste Mittel für eine schöne, rosige Haut. Das hat einen einfachen Grund: Wenn wir etwas trinken, versorgt unser Körper damit zuerst die lebenswichtigen Organe wie die Nieren oder das Gehirn (weshalb Wassermangel auch zu Vergesslichkeit führen kann) und zu allerletzt die Haut. Je mehr wir trinken, umso mehr Wasser bekommt unsere Haut und sie wird reiner, praller und elastischer.

Tee ist nicht gleich Tee

Aromatisierte Teesorten sind nicht clean, da sie chemische Zusätze enthalten. Deshalb sollte man auf die meisten Früchtetees und Kräutertees mit ausgefallenen Geschmacksrichtungen verzichten. Am besten eignen sich pure grüne Tees und Kräutertees aus frischen Kräutern als ideale cleane Getränke.

Clean Eating im Alltag

Jetzt kennen Sie die grundlegenden Regeln von Clean Eating und können damit beginnen, diese ganz individuell in Ihren Alltag einzubauen. Seien Sie dabei nicht zu streng mit sich selbst und achten Sie auf Ihre Bedürfnisse.

Erste Schritte – so starten Sie mit Clean Eating

Falls Sie zu den Menschen gehören, die Veränderungen lieber langsam angehen, ändern Sie zunächst nur ein paar Dinge. Testen Sie zu Anfang ein paar Rezepte aus dem Rezeptteil. Besprechen Sie gegebenenfalls mit Ihrem Partner oder Ihrer Familie, ob und wie Clean Eating bei Ihnen zu Hause einziehen soll. Vielleicht stoßen Sie dabei auf Skepsis oder Ablehnung. Suchen Sie mit Ihrer Familie gemeinsam einen Weg, wie Sie sich gesünder ernähren können. Ein möglicher Kompromiss für den Anfang könnte sein, dass Sie einen Clean-Eating-Tag pro Woche einlegen oder am Wochenende ohne Convenience-Produkte auskommen wollen. Denken Sie bei diesen Gesprächen daran, dass die richtige Ernährung ganz entscheidend für die Gesundheit Ihrer Kinder ist. Gerade junge Körper brauchen viele Nährstoffe, zum Beispiel Calcium, Eiweiß und Vitamine, damit sie sich gut entwickeln können. Auch Zusatzstoffe können Kindern mehr schaden, denn je früher sie chemische Zusatzstoffe aufnehmen, desto mehr werden sie sich im Laufe ihres Lebens in ihrem Körper ansammeln. Wer Kinder gesund und

Diese Lebensmittel sind clean:

- Salate
- Frisches Obst und Gemüse
- Wurzelgemüse
- Sprossen
- Pilze
- Kräuter
- Vollkorngetreide, Vollkornnudeln, Vollkornreis, Vollkornbrot
- Couscous
- Pseudogetreide wie Quinoa und Amarant
- Hülsenfrüchte wie Bohnen und Linsen
- Nüsse und Samen
- Avocado
- Oliven
- Pflanzliche Öle
- Tofu

Folgende Lebensmittel sind auch clean, sollten aber nicht täglich konsumiert werden, da sie tierische Fette und Rückstände von Medikamenten enthalten können, die in der Tierzucht verwendet werden:

- Milchprodukte
- Eier
- Fleisch
- Fisch

möglichst natürlich ernährt, legt damit den Grundstein für ihre gesunde Zukunft. Außerdem speichern Kinder das, was sie in der Kindheit erleben, als normal ab. Wenn sich die Familie von Tiefkühlpizzen ernährt, die auch noch vor dem Fernseher gegessen werden, denken Kinder, das sei normal und richtig. Sie wiederholen später als Erwachsene meist dieses Verhalten, und so setzt es sich von Generation zu Generation fort. Es lohnt sich also, regelmäßig frisches Gemüse zu schnippeln, um dem Nachwuchs gesunde Ernährung vorzuleben.

Als nächsten Schritt sollten Sie Ihren Kühlschrank und andere Essensvorräte unter die Lupe nehmen. Prüfen Sie alle Lebensmittel, die mehr als eine Zutat haben. Geben Sie alle Lebensmittel weg, die viel Salz, Zucker oder chemische Zusatzstoffe enthalten, oder kaufen Sie diese nicht mehr nach. Als Faustregel gilt: Was aus mehr als fünf Zutaten besteht, ist nicht clean. Es gibt natürlich Ausnahmen, beispielsweise Müslimischungen, die zehn unterschiedliche Flocken und Körner haben, aber keinen Zucker und andere Zusatzstoffe. Gemüse in Konserven ist ebenfalls clean, wenn außer der jeweiligen Gemüsesorte keine weiteren Zutaten in der Dose sind. Das gleiche gilt für Tiefkühlgemüse. Eine Packung Tiefkühl-Blattspinat ohne weitere Zusätze ist deshalb clean.

Wenn Sie Ihren Kühlschrankinhalt durchgehen, überlegen Sie auch, auf was Sie keinesfalls verzichten möchten. Vielleicht haben Sie einen absoluten Lieblingspudding, der nicht den Clean-Eating-Richtlinien entspricht. Gönnen Sie

Diese Lebensmittel sind nicht clean:

- Lebensmittelprodukte, die chemische Zusätze wie Aromastoffe und Konservierungsstoffe enthalten
- Industriell hergestellte Produkte mit Zucker
- Industriell hergestellte Produkte mit viel Salz
- Weißmehlprodukte
- Alkoholische Getränke
- Butter und Margarine

sich ab und zu dieses Dessert. Viele Clean Eater entscheiden sich manchmal ganz bewusst für etwas nicht Cleanes, zum Beispiel das Stück Kuchen bei der Großmutter oder eine Pizza beim Lieblingsitaliener. Denn Clean Eating soll Spaß machen und Genuss bringen. Wenn Sie sich immer alles verbieten, was nicht clean ist, wird aus dem Genuss Verdruss und Zwang. Das soll nicht sein!

Planung ist die halbe Miete

Nachdem Sie für sich oder gemeinsam mit Ihrer Familie beschlossen haben, wie Sie Clean Eating umsetzen wollen, geht es ans Planen. Vor allem zu Beginn einer Ernährungsumstellung ist die richtige Planung für den Erfolg entscheidend. Wer ausgehungert nach der Arbeit nach Hause kommt und einen leeren Kühlschrank vorfindet, greift schnell mal zu Fertigprodukten oder bestellt beim Lieferservice. Dies gilt es also mit einer vorausschauenden Planung zu vermeiden. Erstellen Sie sich einen Wochenplan mit den jeweiligen Gerichten und legen Sie sich einen Grundvorrat an bestimmten cleanen Lebensmitteln zu, den Sie regelmäßig nachfüllen. Schreiben Sie einen dementsprechenden Einkaufszettel. Gehen Sie nur mit einem Einkaufzettel in den Supermarkt und kaufen Sie nur, was auf dem Zettel steht. So verringern Sie die Wahrscheinlichkeit, dass nicht-cleane Spontankäufe in Ihrem Wagen landen, und sparen somit auch noch Geld.

Denken Sie beim Schreiben des Wochenplans vor allem an Ihren normalen Alltag und überlegen Sie sich, wann Sie wahrscheinlich Zeit zum Kochen finden werden. Falls Sie unter der Woche wenig Zeit in der Küche verbringen, planen Sie ein, an freien Tagen größere Mengen eines Gerichts

zu kochen und dieses portionsweise einzufrieren. So könnten Sie beispielsweise ein Clean-Eating-Gericht mit in die Arbeit nehmen und es dort aufwärmen. Dafür würde sich unter anderem das Kichererbsencurry aus dem Rezeptteil eignen.

Einkaufen nach dem Clean-Eating-Prinzip

Ein wichtiger Bestandteil von Clean Eating ist das achtsame Einkaufen. Die Vorfreude auf das Essen sollte schon im Lebensmittelgeschäft beginnen. Nehmen Sie sich ein bisschen Zeit beim Einkaufen. Hetzen Sie nicht durch die Gänge, sondern befassen Sie sich ganz bewusst mit den Lebensmitteln, die sie in Ihren Einkaufskorb legen. Erkunden

Salzen: Weniger ist mehr!

Meiden Sie salzige Produkte, denn sie können Wassereinlagerungen im Körper bewirken. Salz ist oft auch in Fertiggerichten versteckt. Die in chemisch raffiniertem Salz enthaltenen „Rieselhilfen" stehen im Verdacht, Allergien auszulösen. Deshalb sollten Sie keine fertigen Produkte mit viel Salz kaufen und beim Kochen lieber mit Meersalz würzen.

Sie Ihren örtlichen Wochenmarkt oder studieren Sie neugierig das Sortiment eines Bio-Supermarkts. Sehen Sie das bewusste Einkaufen als einen wichtigen Bestandteil Ihrer neuen Ernährungsart, denn Clean Eating beginnt schon beim Einkaufen.

Obst und Gemüse satt!

Frisches Obst und Gemüse sollte den größten Teil Ihres Einkaufs ausmachen. Kaufen Sie kein abgepacktes Obst und Gemüse, sondern loses. Das können Sie mit der Hand verlesen, die Stücke auswählen, die Ihnen am besten gefallen, und sich schon auf den Genuss freuen. Entscheiden Sie sich bei Obst und Gemüse nach Möglichkeit für Bio-Ware. Obst und Gemüse darf sich „bio" nennen, wenn es aus kontrolliertem ökologischem Landbau stammt. Das heißt, es wurde nicht gentechnisch verändert und ohne Klärschlamm, Kunstdünger und chemische Pflanzenschutzmittel angebaut. Lassen Sie das Bio-Obst und Bio-Gemüse trotzdem im Regal liegen, wenn es in Plastik eingeschweißt ist. Denn Clean Eating bedeutet auch, den Umgang mit unserer Natur achtsam und bewusst zu gestalten. Plastikmüll belastet die Umwelt enorm; kaufen Sie deshalb lieber lose, regionale Ware auf dem Wochenmarkt, auch wenn diese nicht bio ist. Wählen Sie generell eher regionale Produkte. Diese haben einen kürzeren Transportweg und sind deshalb meist mit weniger Konservierungsstoffen belastet. Außerdem helfen Sie auch damit beim Umweltschutz. Denn je länger ein Produkt transportiert wird, umso mehr Abgase werden in die Luft geblasen. Das gilt auch für saisonale Ware. Wer im Winter Erdbeeren will, erhält chemisch behandelte Früchte, die von weit her eingeflogen wurden. Wer jedoch im Sommer Erdbeeren von heimischen Gärtnern holt, bekommt ein gesünderes Produkt und schont die Umwelt. Überlegen Sie sich immer, woher diese Frucht kommt und welche Reise sie schon hinter sich hat.

Das sollten Sie immer auf Vorrat haben:

- Hülsenfrüchte
- Haferflocken
- Vollkornnudeln und Vollkornreis
- Quinoa und Amarant
- Samen, Kerne und Nüsse
- Pflanzliche Öle
- Honig bzw. Sirup
- Nach Bedarf: cleanes Tiefkühlgemüse und cleane Gemüsekonserven

Allrounder Süßkartoffel

In der Gemüseabteilung finden sich neben der herkömmlichen Kartoffel, die natürlich clean ist, auch immer häufiger Süßkartoffeln. In vielen Clean-Eating-Rezepten werden Süßkartoffeln verwendet. Süßkartoffeln haben mit herkömmlichen Kartoffeln wenig gemeinsam, denn die Süßkartoffel ist deutlich stärkehaltiger und daher auch sättigender als ihre überall bekannte Schwester. In der amerikanischen und chinesischen Küche spielt die Süßkartoffel, auch Batate genannt, schon lange eine zentrale Rolle, und hierzulande bieten immer mehr Restaurants Gerichte mit dieser süßlich schmeckenden Knolle an.

Falls Sie bis jetzt noch nie eine Süßkartoffel gegessen haben, nehmen Sie Clean Eating zum Anlass, mal eine aus-

zuprobieren. Denn eine Ernährungsumstellung bedeutet auch, neue Lebensmittel auszuprobieren und Neues kennenzulernen. Bataten werden genauso wie Kartoffeln mit oder ohne Schale gekocht, im Ofen gebacken, frittiert oder gerieben. Im Rezeptteil finden Sie ein Rezept für Süßkartoffelchips – probieren Sie es einfach aus! Diese Chips haben deutlich mehr Nährstoffe und deutlich weniger Fett als industriell hergestellte Kartoffelchips. Wer keine Chips mag, kann Süßkartoffeln auch toasten! Schälen Sie die Frucht, schneiden Sie diese in Scheiben und toasten Sie jede Scheibe ca. zwei Mal. Belegen Sie die warme Süßkartoffelscheibe wie eine Scheibe Brot, zum Beispiel mit einem Spiegelei oder mit Avocadomus.

Auch krumme Gurken schmecken gut!

Wussten Sie übrigens, dass es ein großer Teil des geernteten Obsts und Gemüses gar nicht in unsere Läden schafft, weil es nicht gewissen „Schönheitskriterien" oder EU-Standards entspricht? Eine Banane, die nicht mindestens 14 cm lang ist, darf nicht in die EU eingeführt werden. Zusammengewachsene Möhren und krumme Gurken sortieren die Hersteller meist freiwillig vor der Lieferung aus. Dieser Verschwendung von Lebensmitteln können Sie als Verbraucher entgegentreten, indem sie bewusst auch Gewächse mit „Makel" kaufen. Oft sind diese sogar billiger.

Bei tierischen Produkten immer bio!

Bei tierischen Produkten wie Eiern, Fleisch und Käse sollten Sie, wenn möglich, immer zu Bioware greifen. Denn tierische Produkte, die nicht aus der industriellen Massentierhaltung stammen, sondern von artgerecht gehaltenen Tieren, sind für Menschen gesünder. Sie enthalten weniger Rückstände von Antibiotika und anderen Medikamenten, die den Tieren verabreicht werden, und sind zudem nährstoffreicher. Rinder, die sich auf der Weide frei bewegen können und mit Heu und nicht mit Getreide gefüttert werden, sind nicht nur glücklicher als Rinder in Stallhaltung, ihr Fleisch enthält auch deutlich mehr Vitamine und Omega-3-Fettsäuren, die unter anderem Herz-Kreislauf-Erkrankungen verhindern und den Blutdruck senken können. Die Ernährung des Rinds spielt auch für den Geschmack der

Ist Milch clean?

Sehr streng genommen ist nur Milch ohne Verarbeitung clean, also Rohmilch oder Vorzugsmilch, da sie nicht homogenisiert und pasteurisiert wurde. Schwangere sollten Rohmilchprodukte dennoch nicht verzehren.

Produkte eine große Rolle. Wenn eine Kuh auf der Weide neben Heu auch noch Gräser, Kräuter und Wildblumen fressen kann, wird der aus ihrer Milch gewonnene Käse schön aromatisch. Eine artgerechte Tierhaltung kostet jedoch mehr, und daher sind die Produkte teurer. Es gibt Menschen, die jeden Tag 4 Euro für einen Coffee to go ausgeben, aber keinen Cent mehr für Biofleisch zahlen wollen. Überlegen Sie, was Ihnen eine gute Ernährung wert ist und wo Sie stattdessen vielleicht etwas einsparen könnten. Es sollte ohnehin nicht jeden Tag Fleisch geben. Ernährungswissenschaftler empfehlen 1–2 Mal pro Woche eine Mahlzeit mit Fleisch. Kaufen Sie also lieber etwas weniger Fleisch, dafür in höherer Qualität.

Verantwortungsvoll und im Einklang mit der Natur

Clean Eater denken auch bei tierischen Produkten genau über den Weg vom Tier zum Esstisch nach. Sie fragen sich, wie das Tier gehalten wurde und wie das Fleisch bzw. die Milch verarbeitet wurden. Meistens schmeckt es ihnen besser, wenn sie wissen, dass das Frühstücksei von einem

Huhn stammt, dem es gut geht. Denn die Clean-Eating-Bewegung steht für eine Ernährung, die im Einklang mit dem eigenen Körper und mit der Natur ist. Auch hier können Sie als Verbraucher viel bewirken. Je öfter Biofleisch und andere Bioprodukte gekauft werden, desto mehr Bauern stellen auf eine artgerechte Tierhaltung um. Im Endeffekt werden dadurch Bioprodukte vielfältiger und günstiger.

Achten Sie außerdem darauf, dass das Fleisch auch wirklich mit einem amtlichen Biosiegel der Europäischen Union versehen ist. Auf manchen Eierpackungen steht beispielsweise „ohne Gentechnik" oder „Hühner ohne gekürzte Schnäbel". Diese Eier sind dennoch nicht bio, wenn das Siegel fehlt. Nur bei Produkten mit dem Biosiegel können Sie sich sicher sein, dass die Tiere gemäß der EG-Öko-Verordnung artgerecht gehalten und nicht mit überflüssigen Antibiotika und Wachstumshormonen behandelt wurden.

Tipps, um den Geldbeutel zu schonen

Clean Eating kann sehr günstig sein. Wählen Sie saisonale und regionale Ware und nutzen Sie die Sonderangebote der Bioläden. Bücken Sie sich, denn die günstigeren Waren stehen meist unten im Regal. Statt kostspieligem Tiefkühlgemüse können Sie selbst Gemüse klein schneiden und in Portionen einfrieren. Planen Sie vorausschauend, und lagern Sie die Lebensmittel fachgerecht, damit Sie nichts wegwerfen müssen. Kaufen Sie nur, was auf Ihrem Einkaufszettel steht. So sparen Sie auf Dauer viel Geld.

Die richtigen Kohlenhydrate

Bei Getreideprodukten wie Nudeln, Brot und Reis sollte Ihre Wahl auf Vollkornprodukte fallen. Hier gibt es geschmacklich große Unterschiede; probieren Sie mehrere Sorten aus, bis Sie Ihre „Lieblinge" gefunden haben. Je weniger Verarbeitungsstufen ein Getreide hinter sich hat, umso cleaner ist es. Daher werden bei Clean Eating beispielsweise Haferflocken oder Quinoasamen den verarbeiteten Vollkornnudeln vorgezogen. Vor der Kasse befinden sich in den Supermärkten meist Süßigkeiten und Chips. Beachten Sie diese Produkte gar nicht, sie sollten ohnehin nur in Ausnahmefällen auf Ihrem Einkaufszettel stehen. Bereiten Sie sich lieber Ihre eigenen Süßigkeiten und Müsliriegel nach Clean-Eating-Rezepten zu. Diese haben weniger Zucker, dafür mehr Ballaststoffe und andere Nährstoffe. Außerdem verleiten sie nicht dazu, immer mehr davon zu essen, da sie frei von Geschmacksverstärkern sind.

Clean Eating und auswärts essen

Die wenigsten von uns nehmen wirklich jede Mahlzeit zu Hause ein. Oft gehen wir mittags in der Kantine und abends auch mal gerne ins Restaurant. Wie lässt sich das mit Clean Eating vereinbaren? Auch dafür gibt es viele Tipps.

Clean Eating zwischendurch

Die meisten Menschen bekommen tagsüber alle 2–5 Stunden Hunger. Da Sie bei Clean Eating mehrere kleine Mahlzeiten pro Tag essen dürfen und sollen, passt das eigentlich wunderbar. Leider vergessen wir in unserem hektischen

Alltag oft, für den nächsten Hunger vorzusorgen und werden unvorbereitet hungrig. Meist führt uns dann der nächste Weg in die Bäckerei, wo wir uns meist ein fettiges oder süßes Weißmehlgebäck holen. Das muss nicht sein! So können Sie dieser Falle entkommen: Beobachten Sie sich einen Tag lang: Wann und wie oft bekommen Sie Hunger? Notieren Sie, um wie viel Uhr Sie normalerweise gerne etwas essen würden. Angenommen, Sie bekommen meist in der Nachmittagszeit im Büro Hunger. Dann achten Sie darauf, dass Sie zu dieser Zeit etwas zur Hand haben, das den Clean-Eating-Regeln entspricht. Das könnte beispielsweise ein Naturjoghurt sein, Obst, eine Handvoll Nüsse oder ein selbst gebackener Müsliriegel. Falls Sie nichts davon an Ihrem Arbeitsplatz haben, ist die Gefahr groß, dass Sie aus Hunger die nicht-cleanen Süßigkeiten der Kollegen naschen und sich danach ärgern. Denn diese Süßigkeiten geben dem Körper nur einen kurzen Energiekick und danach stellt sich der Hunger wieder ein.

Vorteile Clean-Eating-Snack

Clean-Eating-Snacks halten dagegen lange satt und sind gesünder, da sie den Körper nicht nur mit komplexen Kohlenhydraten versorgen, sondern auch mit Vitaminen und gesunden Fetten. Idealerweise haben Sie immer einen cleanen Snack dabei, beispielsweise eine kleine Portion Nüsse und Trockenfrüchte, eine Banane oder den Amarant-Riegel aus dem Rezeptteil. Heften Sie sich notfalls ein Post-it an die Innenseite Ihrer Haus- oder Wohnungstüre, damit Sie diesen Snack nicht vergessen. Falls Sie unterwegs Hunger bekommen sollten und keinen gesunden Snack dabeihaben, gehen Sie nicht in eine Bäckerei oder eine Tankstelle. Dort gibt es fast ausschließlich Produkte aus Weißmehl, die mit viel ungesundem Fett oder Zucker zubereitet werden, beispielsweise Butterbrezen, Pommes frites, Schokoriegel oder belegte Brote mit Butter, Remoulade und fettiger Wurst. Steuern Sie stattdessen einen Supermarkt an. Dort können Sie sich mit cleanen Lebensmitteln wie Obst, Cocktailtomaten, Nüssen, Trockenobst, Vollkornbrot, harten Eiern, Käse oder Schinken versorgen. Machen Sie sich selbst daraus ein belegtes Brot, dann wissen Sie genau, was drauf ist. Vielleicht erhalten Sie in diesem Supermarkt nicht alles in Bio-Qualität, dennoch ist es besser als eine Schnitzelsemmel an der Tankstelle. Falls Sie unterwegs einen warmen Snack möchten, sind Falafel zu empfehlen, denn diese Bällchen werden aus Kichererbsen hergestellt und sind somit nährstoffreicher und gesünder als eine Bratwurst oder ein Döner. Falls Sie einen Stand finden, der Ofenkartoffeln mit Quark oder frisch zubereitetes Kartoffelpüree mit Salat anbietet, ist das ebenfalls eine gute Wahl.

Clean Eating in der Mittagspause

Nach einem guten Frühstück ist ein gesundes und nahrhaftes Mittagessen die nächste wichtige Mahlzeit. Die meisten Arbeitnehmer bleiben mittags in der Firma und essen dort. Falls Sie mittags nicht zu Hause essen, bringen Sie Ihr Mit-

tagessen am besten mit in die Arbeit. Dann wissen Sie genau, was darin ist und dass es Ihnen schmecken wird. Wenn Ihnen morgens die Zeit zur Vorbereitung fehlt, kochen Sie ganz einfach ein paar cleane Gerichte vor und frieren Sie diese portionsweise ein. Am Morgen nehmen Sie ein gefrorenes Gericht mit in die Arbeit und geben es mittags in eine Mikrowelle.

Wenn Sie in der Arbeit einen Wasserkocher haben, können Sie damit ganz schnell Bio-Couscous zubereiten und zusammen mit einem mitgebrachten Salat zu Mittag essen. Es ist hilfreich, wenn Sie ein paar gute Frischhalteboxen zur Hand haben, in denen Sie Ihr Mittagessen unfallfrei in die Arbeit transportieren können. Die Boxen sollten einwandfrei schließen und für Mikrowelle, Geschirrspülmasche und Gefrierfach geeignet sein. Manche Boxen haben in sich noch weitere Unterteilungen, so etwas ist praktisch, wenn einzelne Zutaten erst kurz vor dem Verzehr zusammenkommen sollen. Wer auf Plastik verzichten will, kann sich auch

Behälter aus Metall oder Glas zulegen. Ein Vorratsglas mit Schraubdeckel eignet sich zum Beispiel hervorragend, um Suppen oder Salate zu transportieren.

Ganz ohne Geräte lässt sich beispielsweise ein Müsli zubereiten. Verrühren Sie einfach ein paar Esslöffel selbst gemachtes Granola mit einem Naturjoghurt oder einem Schuss Milch und geben Sie nach Belieben frisches Obst dazu. Es gibt also viele Möglichkeiten, sich selbst im Büro ein cleanes Mittagessen zu machen. Vielleicht gehören Sie aber auch zu den Menschen, die gerne mit den Kollegen in die Kantine gehen. Auch das ist mit Clean Eating möglich! Machen Sie bei der Essensausgabe einen Bogen um Gerichte mit frittierten und panierten Lebensmitteln wie Wiener Schnitzel oder panierte Champignons. Diese enthalten ungesunde Transfette, die aus ungesättigten Fettsäuren beim Frittieren entstehen. Transfette können Herz-Kreislauf-Erkrankungen wie Herzinfarkt begünstigen. Meiden Sie auch Weißmehlprodukte wie Nudeln, Reis, Weißbrot und Kuchen. Wählen Sie stattdessen Gerichte aus Vollkorngetreide. Eine Lasagne ist beispielsweise keine gute Wahl, Grünkernbratlinge mit Kartoffeln dagegen schon. Auch ein Fischgericht mit Wildreis ist clean. Als Dessert eignet sich ein Apfel statt Pudding. Lassen Sie nach Möglichkeit auch die Soßen weg. Viele Kantinen verwenden industriell hergestellte Fertigsoßen, die nicht clean sind.

Sie können sich beim Mittagessen in der Kantine Ihre Mahlzeit auch aus Beilagen wie Kartoffeln und Möhren gestalten. Außerdem gibt es fast in jeder Kantine eine Salatbar. Stellen Sie sich dort Ihren Salat zusammen. Nehmen Sie keine vorgefertigte Salatsoße, sondern machen Sie den Salat mit Essig und Öl oder selbst gemachtem Dressing an, das sie von zu Hause mitgebracht haben. Studieren Sie auf alle Fälle im Voraus den Kantinenplan. Falls es tatsächlich an einem Tag nichts Cleanes geben sollte, können Sie sich immer noch etwas mit in die Arbeit nehmen und, falls möglich, in der Kantine essen.

In vielen Betrieben gehen die Kantinen nach und nach auf die Wünsche der Mitarbeiter ein. Möglicherweise erreichen Sie gemeinsam mit Ihren Kollegen, dass in Ihrer Kantine keine Fertigprodukte verwendet werden. Davon profitieren dann alle Mitarbeiter.

In der Kantine

Sagen Sie, noch bevor Sie in der Kantine ein Gericht bestellen, dass Sie keine Soße wollen, denn die Soße wird oft sehr schnell auf das Gericht gegeben. So unterbrechen Sie diesen Automatismus.

Clean Eating auf Volksfesten und Weihnachtsmärkten

Bei Volksfesten denken wir sofort an Bratwürste und Bier, und bei Weihnachtsmärkten an gebrannte Mandeln und Glühwein. Doch inzwischen gibt es auf Weihnachtsmärkten und Volksfesten weit mehr als das. Sie können dort etliches finden, das sich mit Clean Eating vereinbaren lässt.

Der cleane Klassiker auf herbstlichen und winterlichen Märkten sind Maroni. Sie kommen meist direkt nach der Ernte, ohne weitere Verarbeitungsschritte, auf den Grill. Das Fruchtfleisch der Esskastanie ist durch den hohen Stärkegehalt sehr sättigend, und es enthält neben vielen Mineralstoffen auch Vitamin C.

Auf vielen Märkten gibt es auch frisches Obst, Nüsse und Trockenfrüchte. Wählen Sie ungesalzene Nüsse und möglichst ungezuckerte Trockenfrüchte. Diese können Sie dann beim Schlendern genießen. Neben Maroni und Obst gibt es auf Jahrmärkten noch weitere cleane Köstlichkeiten, beispielsweise Ofenkartoffeln, gebratene Maiskolben, saure Gurken aus dem Fass und gebratene Fische am Stock, die in Bayern und Österreich als „Steckerlfisch" bekannt sind. Leider gibt es bei diesen Anlässen selten Lebensmittel in Bio-Qualität. Wählen Sie trotzdem immer möglichst unverarbeitete Lebensmittel, auch wenn sie nicht bio sind. Denn eine konventionelle Maroni ist viel besser für Ihren Körper als eine Bio-Bratwurst, die gesättigte und somit ungesunde Fette enthält. Auch bei den Getränken gibt es gesunde Alternativen. Ein guter Ersatz für Glühwein ist beispielsweise Tee

oder heißes Zitronenwasser. Oft finden Sie auf Volksfesten und Weihnachtsmärkten Cocktailbars. Entscheiden Sie sich für alkoholfreie Varianten oder bitten Sie den Barkeeper, Ihnen beispielsweise einen Caipirinha ohne Alkohol zuzubereiten. Ein alkoholfreier Caipirinha enthält meist Sirup und Bitter Lemon, weshalb er nicht als clean gelten kann. Dennoch ist er eine bessere Wahl als ein Cocktail mit Alkohol.

Bei Clean Eating kommt es nicht darauf an, die Regeln immer perfekt umzusetzen. Manchmal ist es besser, zu überlegen, welches Gericht oder Getränk den Clean-Eating-Richtlinien noch am nächsten kommt. Denn Sie sollen natürlich weiterhin ausgehen und nach wie vor gemeinsam mit Ihren Freunden Spaß haben. Sie stoßen dann eben nicht mit normalem Bier an, sondern mit alkoholfreiem Bier, alkoholfreien Cocktails, Weinschorle, Tee oder Wasser. Manchmal nötigen einen die Freunde dazu, Alkohol zu trinken. Sagen Sie in so einem Fall ganz klar, dass Sie heute auf Alkohol verzichten wollen. Wenn Sie sich noch dazu als Fahrer anbieten, werden Sie wahrscheinlich alle dabei unterstützen, nüchtern zu bleiben.

Maroni selber machen

Maroni eignen sich als cleaner Snack oder als Beilage für zu Hause. Schlitzen Sie dafür Bio-Maroni mit einem scharfen Messer kreuzförmig ein und legen Sie die Kastanien mit dem Einschnitt nach oben auf ein Backblech. Braten Sie die Maroni im vorgeheizten Backofen bei 200 Grad für ca. 20 Minuten.

Clean Eating und Einladungen

Sie sind gerne Gastgeber? Mit Clean Eating können Sie Ihren Gästen tolle Gerichte zaubern. Denken Sie dabei auch an die Bedürfnisse Ihrer Gäste, denn manche Menschen sind beim Essen nicht besonders experimentierfreudig. Falls Sie ihnen einen Chia-Pudding statt des gewohnten Apfelkuchens servieren, könnten sie irritiert sein. Wenn Sie Ihren Gästen Clean Eating näher bringen wollen, ist ein Mix aus gewohnten Speisen und Clean-Eating-Gerichten empfehlenswert. Für ein 3-Gänge-Menü würde sich beispielsweise die Kürbis-Ingwer-Suppe aus dem Rezeptteil als Vorspeise anbieten, gefolgt von einem Braten mit Kartoffeln und Gemüse. Dieses herkömmliche Gericht ist clean, wenn Sie es aus frischen Zutaten herstellen und keine Fertigsoße verwenden. Als Dessert könnten Sie einen selbst gemachten Obstsalat mit oder ohne Chia-Pudding servieren. Bei einem so gestalteten Abendessen ernähren Sie und Ihre Gäste sich clean, und Sie können Ihren Freunden vielleicht die Freude an gesunder Ernährung und Clean Eating näher bringen. Manche Clean Eater haben ihr Umfeld durch selbst gemachte Clean-Eating-Geschenke für diese Ernährungsform gewinnen können. Verschenken Sie doch einfach einmal selbst gemachte Energie-Bällchen oder Amarant-Riegel, die sie hübsch verpackt überreichen. Wahrscheinlich wird der eine oder andere gleich nach dem Rezept fragen. Versuchen Sie jedoch nicht, andere Menschen zu Clean Eating zu bekehren. Machen Sie lieber neugierig und erklären Sie bei Nachfragen die Clean-Eating-Regeln. Akzeptieren Sie, wenn Ihre Freunde dennoch Fertiggerichte vorziehen. Jeder hat ein Recht darauf, das zu essen, was er will.

Wenn Sie auf eine Party oder Feier eingeladen sind, ist es wahrscheinlich, dass es dort Gerichte geben wird, die nicht clean sind. Lassen Sie sich davon nicht den Spaß verder-

ben! Sie können mit Ihren Freunden feiern und dennoch clean essen. Halten Sie sich beim Büfett oder bei gesetzten Essen an einfache Gerichte, die aus natürlichen Zutaten bestehen. Ein Kartoffelsalat mit einem Dressing aus Essig und Öl ist besser als einer mit Remoulade, und ein Nudelgericht ist eher zu empfehlen als ein Auflauf mit unklaren Zutaten. Eine weitere Möglichkeit wäre, im Vorfeld zu fragen, ob Sie etwas zum Essen mitbringen sollen. Wenn der Gastgeber das wünscht, steuern Sie zum Büfett ein Clean-Eating-Gericht bei. Der Couscous-Salat mit Minze aus dem Rezeptteil eignet sich dazu wunderbar, genauso wie die Spargel-Quiche.

Versuchungen vermeiden

Meist finden wir auf Partys „Naschstationen" mit Chips und Süßem. Auch wenn wir uns fest vorgenommen haben, einen großen Bogen um solche Lebensmittel zu machen, kann unser angeborener Drang zu Süßem und Fettigem uns immer wieder einen Strich durch die Rechnung machen, gerade wenn Geschmacksverstärker im Spiel sind. Industriell hergestellte Naschereien wie Chips sind oft mit Glutamat und anderen Geschmacksverstärkern versehen. Selbst wenn wir uns stark vornehmen, nur wenige Chips zu naschen, werden es meist mehr. Vor allem, wenn wir auf einer Party nebenbei in spannende Gespräche vertieft sind oder anregende Musik hören, greifen wir immer wieder zu. Halten Sie sich bei einer Party deshalb am besten gar nicht in der Nähe von Chips und Süßigkeiten auf. Clean Eating

kann zwar bewirken, dass Ihnen fettige Chips oder Schokolade gar nicht mehr schmecken, Sie sollten sich darauf aber nicht verlassen. Suchen Sie sich lieber einen Platz bei gesunden Snacks wie Gemüsesticks oder einer Obstschale. Bereiten Sie sich auf Partys mit einem Plan vor: Wie viel Alkohol möchten Sie trinken und welche nicht-cleanen Speisen, beispielsweise Omas Bienenstich, wollen Sie wählen? Nichts spricht gegen ein Glas Sekt oder ein Stück Kuchen. Doch die Gefahr ist, dass es nicht dabei bleibt. Aber Sie können durch Ihre Platzwahl selbst steuern, was und wie viel Sie essen. Wenn es zu Tisch geht, nehmen Sie deshalb so weit weg wie möglich vom Büfett Platz. Am besten ist es, wenn Sie die angebotenen Speisen auf dem Büfett nicht sehen und riechen. Bei Kaffeetafeln ist es ähnlich; wer den Geburtstagskuchen nicht dauernd vor den Augen hat, bekommt seltener Lust auf ein zweites Stück. Auf Familienfeiern wird einem oft ein Nachschlag oder ein weiteres Stück

Torte angeboten. Wenn Sie das nicht wollen, wäre eine höfliche Möglichkeit zu sagen: „Vielen Dank, der Kuchen war sehr lecker, aber jetzt wäre mir etwas Obst lieber", oder „Kann ich bitte statt weiterer Nudeln noch etwas von den köstlichen Salat haben?". Oder Sie achten darauf, dass immer etwas auf Ihrem Teller und in Ihrem Glas ist; so entkommen Sie diesen Nachfragen. Manchmal hilft aber nur ein klares Nein. Vielleicht fällt es Ihnen schwer, zu einem lieben Familienmitglied oder Freund Nein zu sagen. Doch denken Sie daran: Ein höfliches Nein zu anderen ist ein Ja zu Ihrer Gesundheit. Bleiben Sie bei einem freundlichen „Nein danke" und lassen Sie sich auf keine Diskussionen ein. Sie müssen Ihr Verhalten nicht rechtfertigen. Menschen, die öfter mal Nein sagen, werden im Endeffekt eher respektiert als Menschen, die zu allem Ja sagen.

Sie können Nein sagen beim Einkaufen trainieren. Sagen Sie Nein, wenn ein Verkäufer fragt, ob es noch etwas mehr sein darf. Je öfter Sie Ihre Grenzen bestimmen, umso leichter wird es Ihnen fallen und umso eher wird Ihr Nein akzeptiert. Clean Eating beeinflusst nicht nur die Ernährung, sondern auch das Selbstbewusstsein.

Clean Eating in Restaurants

Wenn Sie gerne mal Essen gehen, können Sie das mit Clean Eating natürlich nach wie vor tun! Mit etwas Planung finden Sie fast überall cleane Speisen.

Darauf sollten Sie vor dem Ausgehen achten

Ihre Freunde haben ein tolles Restaurant entdeckt und wollen mit Ihnen dort hingehen? Kein Problem! In den allermeisten Lokalen finden sich Gerichte, die zumindest teilweise aus frischen und naturbelassenden Zutaten bestehen. Welche das sein könnten, stellen Sie am besten im Voraus fest. Besuchen Sie das Lokal dafür zuerst im Internet und studieren Sie die Homepage. Wenn in der Küche regionale Zutaten und Biofleisch verwendet werden, geht das meistens schon aus dem Internetauftritt hervor. Vegetarische oder vegane Restaurants kochen sehr oft mit frischen und naturbelassenen Zutaten, aber auch ein ländlicher Gastwirt kann frische und hochwertige Speisen kochen, wenn er beispielsweise Fleisch, Milchprodukte und Gemüse aus der eigenen Produktion verwendet.

Ihr zweiter Blick sollte der Speisekarte gelten, falls diese online verfügbar ist. Viele Gerichte sind auf den ersten Blick nicht clean, beispielsweise, wenn sie etwas Frittiertes oder Paniertes enthalten. Speisen mit Weißmehlprodukten wie Nudeln oder Baguette sind ebenfalls nicht clean. Da weißer Reis viele Verarbeitungsstufen durchlaufen hat, gilt er ebenfalls als nicht clean. Das gilt auch für Sushi-Reis. Würste, überbackene Aufläufe und Gerichte mit viel Käse, Butter und Sahne sind ebenfalls nicht empfehlenswert, da sie reichlich gesättigte Fettsäuren enthalten. Bei Desserts mit viel Zucker wie Mousse au Chocolat oder Eisbechern ist ebenfalls Vorsicht geboten. Auch über die Zusatzstoffe in den Speisen können Sie sich sehr gut im Voraus informieren.

Viele Restaurants können keine Zutatenlisten veröffentlichen, da ihre Speisekarte täglich wechselt. Im Gegensatz dazu legen etliche Fast-Food-Ketten ihre komplette Zutatenliste bereits im Internet offen. Diese ist einerseits sehr erschreckend, denn in den Gerichten der Schnellrestaurants finden sich besonders viele chemische Zusätze, andererseits ist sie auch hilfreich. Bei einem typischen Burger eines bekannten Fast-Food-Restaurants besteht das Burgerbrötchen, oder „Bun", aus 12 Zutaten, von denen etliche künstlich sind. Auch die verwendeten Gurken, die Käsescheiben und die Soße enthalten chemische Zusatzstoffe. Lediglich die Frikadelle, oder „Patti", besteht zu 100 Prozent aus Rindfleisch. Eisbergsalat und Zwiebeln sind ebenfalls pur. Wenn Ihre Begleitung unbedingt in ein solches Lokal möchte, könnten Sie dort ein Burgerpatti essen, dazu einen gemischten Salat ohne Dressing.

Glücklicherweise sind Wirte bei uns verpflichtet, bestimmte Zusatzstoffe schriftlich anzugeben. Meist stehen auf den Speisekarten nach Gerichten mit chemischen Zusatzstoffen kleine Nummern oder Sterne, die auf Fußnoten hinweisen. Dort sind die im Gericht enthaltenen Zusatzstoffe aufgeführt. Steht dort „mit Farbstoff", „mit Geschmacksverstärker" oder „mit Süßungsmitteln" entspricht das nicht Clean Eating. Je mehr kleine Nummern hinter einer Speise abgedruckt sind, umso unnatürlicher ist sie. Leider fehlen diese Nummern oft bei den Online-Speisekarten und sind erst in den Speisekarten vor Ort ersichtlich. Da Gastwirte ihre Gäste laut Gesetz über bestimmte Allergene und Zusatzstoffe in ihren Speisen informieren müssen, sollte die Bedienung oder der Koch fundierte Auskunft über die Inhaltsstoffe der Zutaten geben können.

Asiatische Restaurants

Überlegen Sie schon zu Hause, was Sie in diesem Lokal essen möchten. Egal, ob Sie bayerisch oder indisch essen, es gibt immer eine cleane Wahl. Da in asiatischen Restaurants meist mit magerem Fleisch, Tofu und frischem Gemüse gekocht wird, sind diese eine gute Wahl. Aber auch asiatische Restaurants haben teilweise Frittiertes auf der Speisekarte, z. B. Samosas und Gerichte mit viel Butter und Sahne, z. B. Butter Chicken. Solche Gerichte sollten Sie eher meiden. Ein cleanes Menü beim Inder wäre: als Vorspeise eine Linsensuppe, danach Alu Gobi (Blumenkohl mit Kartoffeln) mit Raita (Gurkenjoghurt) und als Dessert Gajar Halva (geriebene Karotten mit Mandeln und Rosinen). In einer thailändischen Garküche sind die meisten Suppen clean, wie die bekannteste Suppe Thom Kha Gai, und es gibt viele Varianten von Wokgerichten aus magerem Fleisch und Gemüse. Außerdem können Sie dem Koch oft direkt zuschauen und sehen, was er in Ihr Essen gibt. Falls Sie bis jetzt die asiatische Küche noch nicht so gut kennen, nehmen Sie Clean Eating doch zum Anlass, diese einmal auszuprobieren. Wenn Ihnen Wokgerichte mit knackigem Gemüse schmecken, können Sie diese zu Hause nachkochen, dann am besten mit Vollkornreis als Beilage.

Darauf sollten Sie im Restaurant achten

Optimalerweise wissen Sie schon beim Betreten des Lokals, was Sie essen werden. Es kann sein, dass Sie bei der vorhergehenden Recherche im Internet nicht fündig wurden, weil es beispielsweise laut Speisekarte den Sauerbrauten nur mit Pommes frites gibt. Fragen Sie deshalb gleich bei der Bestellung freundlich nach, ob Sie den Braten mit Salzkartoffeln statt Pommes frites haben können. Meist reagieren die Wirte in so einem Fall flexibel – schon ist das Gericht clean! Einige Lokale bereiten auf Nachfrage die Nudelgerichte mit Vollkornnudeln zu. Dann passen auch Spaghetti Carbonara ins Clean-Eating-Konzept. Nehmen Sie Ihre Bedürfnisse wichtig und bitten Sie um das, was Ihnen guttut! Die meisten Wirtsleute wollen, dass der Gast sich bei ihnen wohlfühlt, zum Stammgast wird und das Lokal am besten weiterempfiehlt. Deshalb können Sie sich ohne Weiteres trauen, Ihre Wünsche offen anzusprechen. Clean Eating bedeutet nicht nur, ab und zu Nein zu sagen, sondern auch, manchmal um etwas ganz Bestimmtes zu bitten. Auch das

können Sie trainieren. Fangen Sie damit an, dass Sie Ihren Salat immer ohne Dressing bestellen und stattdessen um Essig und Öl bitten. Als Nächstes könnten Sie die Bedienung bitten, keinen Brotkorb zu bringen. Darin finden sich meist Brote aus Weißmehl. Bevor Sie versehentlich zugreifen, lassen Sie den Brotkorb deshalb gleich ganz weg. Trauen Sie sich ruhig zu, das Angebot des Restaurants umzumodeln, tauschen Sie Beilagen aus oder bestellen Sie nur Beilagen. In vielen Lokalen ist das möglich. Falls es auf der Speisekarte nur Eis oder Kuchen als Dessert geben sollte, bitten Sie um einen Obstsalat. Meist gibt es in den Küchen Obstvorräte für die Deko, daraus können gute Köche jederzeit ein Fruchtdessert kreieren. Falls es nötig sein sollte, sagen Sie einfach, Sie vertrügen keine Laktose, möchten glutenfrei essen oder sind auf dieses oder jenes allergisch. Das funktioniert auch bei gesetztem Essen in Hotels. Machen Sie den Hotelier am besten bei der Buchung darauf aufmerksam, dass Sie beispielsweise keine Weißmehlprodukte essen, dann kann sich die Küche darauf einstellen. Oder wählen Sie gleich ein Hotel, das seine Gäste mit frischer Bio-Küche verwöhnt.

Achtsamkeit und Bewegung

Clean Eating ist ein ganzheitliches Ernährungskonzept. Die Clean-Eating-Regeln beschreiben, was wir essen sollten, doch wie wir essen, ist bei Clean Eating ebenfalls ganz entscheidend. So sollen Gerichte immer achtsam und genussvoll gegessen werden. Achtsamkeit unterstützt das geistige Wohlbefinden, während eine weitere Säule - regelmäßige Bewegung - die körperliche Gesundheit fördert. Denn auch regelmäßige Bewegung gehört zum Clean-Eating-Konzept. Der Körper wird mit gesunden und schadstofffreien Lebensmitteln versorgt, sodass er besser arbeiten kann. Körper und Geist sind also eine Einheit und gleichermaßen wichtig für ganzheitliches Wohlbefinden.

Clean Eating und Achtsamkeit

Vor hundert Jahren war achtsames Essen selbstverständlich. Man aß nur zu den Hauptmahlzeiten und nahm dazu an einem Tisch Platz. Während des Essens lief kein Fernseher und Smartphones sowie Tablets am Esstisch lagen noch in weiter Ferne. So konnten sich unsere Vorfahren beim Essen ganz auf die Speisen konzentrieren. Aber wie ist es heute? Noch nie gab es in unserem Land eine so breite Auswahl an Nahrungsmitteln und noch nie sind wir damit so achtlos umgegangen wie heute. Statt zu frühstücken, holen sich zum Beispiel viele auf dem Weg zur Arbeit eine Butterbreze oder ein süßes Teilchen vom Back-Discounter, die dann schnell im Gehen oder in der U-Bahn verdrückt werden.

Das Mittagessen nehmen dann viele Arbeitnehmer vor dem PC zu sich und lesen nebenbei E-Mails. Fast die Hälfe der arbeitenden Bevölkerung hat hierzulande keine richtige Mittagspause mehr, die eine Unterbrechung der Arbeit darstellt und eigentlich der Erholung dienen soll. Wenn mittags etwas gegessen wird, dann wird es meist hastig heruntergeschlungen.

Beim Abendessen landen oft aus Zeit- oder Energiemangel nährstoffarme und mit künstlichen Zusatzstoffen angereicherte Fertigprodukte auf dem Tisch. Manche Menschen haben sogar überhaupt keinen Esstisch mehr und essen prinzipiell alles auf der Couch vor dem Fernseher. Dieses Essverhalten ist alles andere als gesund. Der Körper wird nicht ausreichend mit lebenswichtigen Nährstoffen versorgt und verliert an Leistungsfähigkeit.

Achtsam durch Monotasking

Achtsam essen ist also ein wichtiger Schritt zu weniger Stress im Alltag. Unter dem Begriff Achtsamkeit versteht man die besondere Aufmerksamkeit für den eigenen Körper und für die Umwelt. Wenn ein achtsamer Mensch isst, dann isst er und tut nichts Anderes. Er liest nebenbei keine Zeitung, er sieht nicht fern, er telefoniert nicht und er isst meist schweigend. Wenn ein achtsamer Mensch arbeitet, dann konzentriert er sich voll auf seine Arbeit und isst nebenbei nicht. Doch braucht es das wirklich? Angeblich sind wir durch Multitasking in der Lage, alles parallel und gleich gut zu machen. Gleichzeitig mit dem Mittagessen können wir, nach dieser Theorie, auch noch die Post erledigen, uns um die Kinder kümmern und eine Gesichtsmaske einwirken lassen. Doch wir sind nicht so multitaskingfähig, wie wir es gerne hätten. Der Mensch ist kein Computer, der zeitgleich mehrere Programme ausführen kann. Das Nebenei-

Buch-Tipp

Einen guten Einstieg in die Philosophie der Achtsamkeit kann das Buch des buddhistischen Gelehrten Thich Nhat Hanh sein. Er stellt in „Frei sein, wo immer du bist" (Theseus Verlag) hilfreiche Übungen zum achtsamen Essen und achtsamen Leben vor.

nander der Tätigkeiten hat bei Menschen meist zur Folge, dass wir alles nur halb so gut machen, und dass der Stresspegel steigt. Wer nach der Clean-Eating-Philosophie lebt, bemüht sich also um Monotasking, also dem genauen Gegenteil von Multitasking. Monotasking heißt, die Dinge hintereinander statt nebeneinander zu erledigen. Versuchen Sie das einmal. Vielleicht schaffen Sie nicht alles, was Sie sich sonst vornehmen. Aber das, was Sie achtsam erledigt haben, haben Sie gründlich gemacht. Sie werden merken, wie entspannend das sein kann.

Achtsam essen mit Genuss

Achtsames Essen beginnt mit achtsamem Einkaufen. Wer schon im Laden oder am Stand des Bauernmarkts seine Lebensmittel sorgfältig auswählt, wird sie später wahrscheinlich nicht achtlos herunterschlingen. Und wenn das Essen dann fertig gekocht auf dem Tisch steht, halten Sie noch einmal kurz inne und denken Sie über dieses Gericht nach. Lassen Sie kurz Revue passieren, welche Lebensmittel Sie verarbeitet und wie Sie diese zubereitet haben. Gerade wenn Sie frische Lebensmittel eingekauft und diese mit Liebe zubereitet haben, kann das die Vorfreude auf das Essen noch erhöhen. Diese Vorfreude werden Sie wahrscheinlich nicht haben, wenn Sie eine geschmacklose Instantsuppe aufbrühen oder eine Frikadelle aus Massentierhaltung in die Mikrowelle geben. Manche Menschen sprechen vor dem Essen ein kurzes (innerliches) Gebet und bedanken sich bei Gott oder dem Leben dafür, dass sie so gut essen können.

Achtsames Essen bezieht sich außerdem nicht nur auf gekochte Lebensmittel: Auch, wenn Sie zwischendurch einen Apfel oder eine nicht-cleane Süßigkeit essen, sollten Sie sich kurz mit dem befassen, was Sie gleich essen werden, und sich dann zum Verspeisen auf alle Fälle an einen Tisch setzen, den Fernseher ausschalten und das Smartphone bzw. die Zeitung weglegen. Je achtsamer Sie essen, umso mehr Genuss und Zufriedenheit werden Sie durch das Essen empfinden. Achtsames Essen kann ein Schlüssel zu einem zufriedenen und glücklichen Leben sein.

Achtsamkeitsübung mit Schokolade

Probieren Sie folgende Achtsamkeitsübung aus: Nehmen Sie ein Stück der cleanen Schokolade aus dem Rezeptteil in die Hand. Sie können alternativ auch beispielsweise ein Stück Banane, eine Traube oder eine Trockenfrucht verwenden. Betrachten Sie die Schokolade in Ihrer Hand, denken Sie kurz an die Entstehungsgeschichte dieses Lebensmittels. Machen Sie eine gedankliche Reise zu den Ursprüngen dieser Schokolade und stellen Sie sich vor, wie die Kakaabohnen unter der afrikanischen Sonne gereift sind und danach weiterverarbeitet wurden. Denken Sie an den langen Weg, den der Kakao zurückgelegt hat, um schlussendlich in Ihrer Küche zu landen. Nun schließen Sie die Augen und riechen daran. Überlegen Sie, wonach die Schokolade riecht. Führen Sie nun mit der anderen Hand die Schokolade zur Nase und riechen Sie erneut. Vielleicht stellen Sie einen Unterschied fest. Als Nächstes lecken Sie einmal an der Schokolade und spüren dem Geschmack nach. Widerstehen Sie dem Drang, das ganze Stück Schokolade in den Mund zu stecken. Beißen Sie nur eine kleine Ecke ab und lassen Sie diese unter der Zunge zergehen. Erst dann beißen Sie das nächste kleine Stück ab. Transportieren Sie nun mit Ihrer Zungenspitze dieses Schokoladenstück in Ihrem Mund hin und her. Kleiden Sie so Ihre gesamte Mundhöhle mit Scho-

koladengeschmack aus. Vielleicht haben Sie bereits damit Ihre Lust auf Schokolade gestillt. Falls nicht, essen Sie langsam das restliche Stück auf. Wiederholen Sie diese Übung bei Gelegenheit. Sie funktioniert nicht mit jedem Lebensmittel und zu jeder Gelegenheit, doch machen Sie es sich zumindest zur Angewohnheit, an jedem Lebensmittel oder Getränk mit geschlossenen Augen zu riechen.

Sie können Clean Eating zum Anlass nehmen, achtsamer mit sich und Ihrer Umwelt umzugehen. Nehmen Sie nicht nur Ihre Speisen, sondern auch die Natur und Ihre Mitmenschen ganz bewusst wahr und richten Sie Ihr Bewusstsein auf das Schöne in Ihrem Leben.

Clean Eating und Bewegung

Regelmäßige Bewegung ist die perfekte Ergänzung zu Clean Eating, denn wer nach den Clean-Eating-Regeln lebt, entdeckt nicht selten von ganz alleine die Lust an der Bewegung, da er dank der vitalstoffreichen Ernährung mehr Energie hat. Wenn Sie sich mindestens eine halbe Stunde pro Tag bewegen, erzielen Sie bereits einen deutlichen gesundheitlichen Nutzen. Dieser zeigt sich in einer kräftigeren Muskulatur, längerer Ausdauer und Verbesserung von eventuell vorhandenen Herz-Kreislauf-Beschwerden. Außerdem ist Bewegung ein probates Mittel, um Stress zu reduzieren. Das alles gilt jedoch nur, wenn Sie eine Bewegungsart finden, die Sie fordert, aber nicht überfordert, und Ihnen guttut. Wer bis jetzt nicht regelmäßig Sport ge-

trieben hat, sollte ganz langsam damit anfangen. Machen Sie sich schlau, welche Sportangebote es in Ihrer Nähe gibt oder schließen Sie sich aktiven Freunden beim Walken oder Schwimmen an. Nehmen Sie sich Zeit und probieren Sie mehrere Sportangebote aus, bis Sie etwas gefunden haben, das Ihnen wirklich Spaß macht. Lassen Sie sich dabei nicht durch Vorurteile von etwas abhalten. Auch ein Erwachsener kann mit Ballett oder Reiten anfangen, und Tanzen ist bis ins hohe Alter möglich.

Schritt für Schritt zu mehr Bewegung

Wer langsam mit Bewegung anfangen will, könnte als erstes seine tägliche Schrittzahl erhöhen. Wissen Sie, wie viele Schritte Sie heute schon gegangen sind? Die Krankenkasse AOK empfiehlt, mindestens 10.000 Schritte pro Tag zu gehen, um fit zu bleiben. Leider ist das keine Selbstverständlichkeit. Wer mit dem Auto in die Arbeit kommt, sich in der Mittagspause nicht bewegt, mit dem Auto wieder nach

Hause fährt und den Rest des Tages auf dem Sofa verbringt, kommt meist nur auf 2.000 Schritte. Um Ihre Schrittzahl zu erhöhen, sollten Sie sich einen Schrittzähler oder einen Fitness-Tracker zulegen. Diese gibt es in allen Preisstufen. Herkömmliche Schrittzähler werden am Hosenbund oder dem BH befestigt. Sie zählen nur Schritte und errechnen möglicherweise auch noch die so verbrauchten Kalorien. Fitness-Tracker werden meist als Armband getragen. Sie geben ihrem Träger Auskunft über die Anzahl der gegangenen Schritte, die gestiegenen Treppen, die zurückgelegten Kilometer, die verbrannten Kalorien, den aktuellen Puls und noch vieles mehr. Diese informativen Armbänder lassen sich mit dem Internet verbinden. Dort können die Träger sich dann mit anderen Nutzern austauschen und unter anderem an sportlichen Wettbewerben teilnehmen. Manche Tracker haben auch eine Schlaffunktion und geben Auskunft darüber, wann und wie oft man sich im Schlaf bewegt hat. Das kann Rückschlüsse auf die Schlafqualität geben, die entscheidend für unsere Gesundheit sein kann. Einige Krankenkassen bezuschussen den Kauf von Fitness-Trackern. Fragen Sie einfach mal bei Ihrer Kasse nach!

Egal, welches Produkt Sie ausprobieren; bestimmen Sie damit als Erstes, wie viele Schritte Sie an einem normalen Arbeitstag absolvieren. Falls es bereits 10.000 sind, dann gratulieren Sie sich zu Ihrem aktiven Leben und überlegen Sie, ob Sie noch ein Trainingsziel haben, das Sie erreichen möchten. Vielleicht könnte das der nächste Stadtlauf sein oder eine anspruchsvolle Bergtour. Falls Sie noch nicht auf 10.000 Schritte kommen, könnten Sie sich Woche für Woche in kleinen Stufen an dieses Ziel heranarbeiten. Es kann sein, dass es Ihnen nicht an jedem Tag möglich ist, 10.000 Schritte zu erreichen. Das macht nichts. Hauptsache, Sie bemühen sich im Großen und Ganzen, mehr zu gehen. Denn das Spazierengehen erhöht nicht nur das tägliche Bewegungspensum. Man tankt dabei auch frischen Sauerstoff und Sonnenlicht. Sauerstoff ist unter anderem wichtig für die Arbeit des Gehirns und macht müde Geister wieder fit. Durch das Sonnenlicht produzieren wir Vitamin D, das essenziell für die Knochenstabilität ist.

Entspannende und kräftigende Übungen

Sie können einen Spaziergang mit leichtem Krafttraining kombinieren. Wählen Sie dazu einen Baum als „Trainingspartner". Stellen Sie sich ca. eine Fußlänge vor den Baum und legen Sie Ihre Hände in Schulterhöhe auf den Baum. Machen Sie einen geraden Rücken und ziehen Sie Ihre

Schultern nach unten. Bewegen Sie nun Ihren Oberkörper und Kopf auf den Baum zu, wie bei einem vertikalen Liegestütz, bis Ihre Nasenspitze den Baumstamm fast berührt. Atmen Sie den frischen Geruch des Baums ein und stützen Sie sich langsam mit den Händen ab, bis Sie wieder in der Ausgangsposition sind. Sie können die Intensität verändern, indem Sie die Entfernung zum Baum erhöhen oder die Übung einarmig ausführen. Mit dieser Übung trainieren Sie die Oberkörper- und Armmuskulatur.

Die Bein- und Gesäßmuskulatur können Sie mit folgender Übung kräftigen: Lehnen Sie sich mit dem Rücken an den Baumstamm und lassen Sie sich langsam hinuntergleiten, bis Ihre Oberschenkel in waagerechter Position sind. Sie „sitzen" dann sozusagen an dem Baum, mit dem Baumstamm als Lehne. Bleiben Sie zunächst so lange wie möglich in dieser Position. Sie werden sehen, das kann ganz schön anstrengend sein. Dann richten Sie sich wieder auf und lockern die Beine. Gehen Sie als nächstes noch mal in die Sitzposition und strecken Sie nun das rechte Bein waagerecht nach vorne aus. Versuchen Sie, diese Stellung 10 Sekunden zu halten. Atmen Sie dabei entspannt weiter. Wiederholen Sie die Übung mit dem anderen Bein.

Yoga zum Ausgleich

Wer es lieber meditativer mag, sollte die Yoga-Übung „Der Baum" versuchen. Stellen Sie sich dafür neben einen Baum, und versuchen Sie zuerst nur auf einem Bein zu stehen. Sollten Sie dabei ins Schwanken geraten, können Sie sich

Halt beim Baum holen. Wenn Sie sicher auf einem Bein stehen, winkeln Sie das linke Bein an und stellen die Fußsohle gegen die Innenseite des Oberschenkels des rechten Beins. Wenn Sie sicher auf einem Bein stehen, führen Sie die Arme langsam nach oben und legen die Handflächen über dem Kopf zusammen. Atmen Sie ruhig und entspannt, und wiederholen Sie die Übung mit dem linken Bein als Standbein. Diese Übung stärkt die gesamte Körpermuskulatur, außerdem wirkt sie beruhigend und emotional stärkend. Wer diese Übung beherrscht, hat im wahrsten Sinne des Wortes „einen besseren Stand" im Leben.

Auch in Ihren eigenen vier Wänden können Sie etwas für Muskulatur und Beweglichkeit tun, beispielsweise mit der Yoga-Übung „Das Krokodil", auch „Dreh-Dehn-Lage" genannt. Eine leichte Variante dieser Übung ist folgende: Legen Sie sich auf den Rücken. Beugen Sie beide Beine und lassen Sie diese zur linken Seite sinken. Lassen Sie mit dem Ausatmen den rechten Arm zur Seite gleiten und drücken

Sie mit der linken Hand die Beine sanft gegen den Boden. Halten Sie diese Position für 5 Atemzüge und wechseln Sie danach die Seite. Durch die Drehung des Rumpfs werden die inneren Organe und der Rücken gedreht und entspannt. Sie kann Blockaden in diesen Bereichen lösen. Da sie dadurch den Darm und die Verdauung unterstützt, ist sie gerade während einer Ernährungsumstellung empfehlenswert.

Übungen zum Stressabbau

Unser Essverhalten hat viel mit unseren Gefühlen zu tun. Gerade, wenn wir unter Stress stehen, neigen wir dazu, unkontrolliert zu essen. Das liegt daran, dass unser Gehirn in Stresssituationen manchmal falsche Signale sendet. Es meldet „Hunger", obwohl wir gerade gegessen haben. Sie können Ihr Gehirn in solchen Situationen natürlich mit einer cleanen Mahlzeit aus Trockenfrüchten und Nüssen beruhigen, doch effektiver ist es, gegen den Stress anzugehen. Lassen Sie den Stress heraus, statt ihn herunterzuschlucken! Beispielsweise in der Yoga-Übung „Der Löwe" beziehungsweise „Die Löwin". Suchen Sie sich einen Raum, in dem Sie nicht gestört werden. Setzen Sie sich auf Ihre Unterschenkel oder einen Stuhl. Atmen Sie ein, machen Sie den Rücken krumm, ziehen Sie den Kopf zum Brustbein, ballen Sie die Fäuste. Und nun lassen Sie den Stress heraus: Richten Sie sich mit dem Ausatmen auf, spreizen Sie die Hände und strecken Sie die Zunge aus dem geöffneten Mund, so weit Sie können. Sie können das „Löwengebrüll" mit einem Ton untermalen, je nachdem, wie Ihnen zumute ist. Wiederholen Sie diese Übung dreimal. Zuerst einatmen und klein machen, dann ausatmen und alles herauslassen.

Eine andere Übung zum Stressabbau und Auspowern können Sie sich vom Training der Basketballer abschauen. LaufeN Sie auf der Stelle und steigern Sie Ihr Tempo so weit wie möglich. Versuchen Sie, das maximale Tempo ca. 10 Sekunden zu halten, und werden dann wieder langsamer. Wiederholen Sie diesen Zyklus mindestens drei Mal.

Wenn Sie sich durch diese Übungen beruhigt haben, gibt es vielleicht die Möglichkeit, in einer ruhigen Minute ein Gespräch mit dem Verursacher des Stresses zu führen. Nehmen Sie sich und Ihre Bedürfnisse wichtig und formulieren Sie freundlich, was Sie brauchen, damit es Ihnen gut geht. Clean Eating heißt auch, sich wichtig zu nehmen und auf die eigene Gesundheit zu achten, in allen Lebenslagen.

Dos und Don'ts im Überblick

Das Wichtigste: Clean Eating soll Sie bereichern und nicht einengen. Essen Sie deshalb immer, bis Sie satt sind, und hungern Sie nicht. Greifen Sie ruhig auch mal zu nicht-cleanen Lebensmitteln, wenn Sie Lust dazu haben. Hauptsache, Sie fühlen sich dabei wohl!

Dos

- Wählen Sie naturbelassene Lebensmittel.
- Kaufen Sie regionale und saisonale Ware.
- Wählen Sie bei Getreideprodukten die Vollkornvariante.
- Kombinieren Sie bei den Mahlzeiten Eiweiße, komplexe Kohlenhydrate und gesunde Fette.
- Frühstücken Sie täglich.
- Trinken sie täglich 2–3 Liter Wasser.
- Essen Sie 5–6 kleine Mahlzeiten am Tag.
- Essen Sie achtsam.
- Bewegen Sie sich täglich.

Don'ts

- Meiden Sie Lebensmittel mit Zusatz-stoffen.
- Verzichten Sie auf Fertiggerichte und Convenience-Food.
- Wählen Sie keine Lebensmittel mit Weißmehl.
- Reduzieren Sie Ihren Zuckerver-brauch.
- Meiden Sie gesättigte Fettsäuren.
- Verzichten Sie auf zuckerhaltige Getränke und Alkohol.
- Essen Sie nicht über Ihr Sättigungs-gefühl hinaus.

Frühstück

Die wichtigste Mahlzeit des Tages muss nicht nur gut schmecken, sondern soll Sie auch optimal mit Nährstoffen und Energie versorgen. Die folgenden Rezepte sind dafür ideal geeignet. So kann der Tag beginnen!

Granola mit Vanille-Quark

Zubereitungszeit: ca. 45 Min. · **Für 1 Portion:**

200 g Haferflocken	45 g Sesam	1 Prise Salz
60 g Sonnenblumen- kerne	80 g Kokosraspel	1 Vanilleschote
	125 g Honig	200 g Quark
50 g grob gehackte	1 EL Sonnenblumenöl	2 EL Mineralwasser
Walnüsse		1 Handvoll Himbeeren

1. Backofen auf 120 °C (Umluft: 100 °C) vorheizen. Backblech mit Backpapier auslegen. In einer Schüssel Haferflocken, Sonnenblumenkerne, Walnüsse, Sesam und Kokosraspel miteinander vermischen. Honig, Öl und Salz zugeben und gut verrühren.

2. Masse auf dem Backpapier verteilen und ca. 40 Minuten, je nach gewünschtem Bräunungsgrad, backen. Nicht zu dunkel werden lassen, sonst kann es bitter schmecken. Aus dem Ofen nehmen und komplett abkühlen lassen. Wenn das Granola kalt ist, wird es richtig kross. Nach dem Abkühlen in ein Glas füllen und gut verschließen. Kühl und dunkel aufbewahrt ist es ca. 4 Wochen haltbar.

3. Für den Vanillequark Vanilleschote längs aufschneiden, Mark herauskratzen. Quark mit Vanillemark und Mineralwasser cremig rühren. Himbeeren verlesen, waschen und trocken tupfen. Vanillequark in ein Schälchen füllen, 3—4 Esslöffel Granola daraufgeben und mit Himbeeren garnieren.

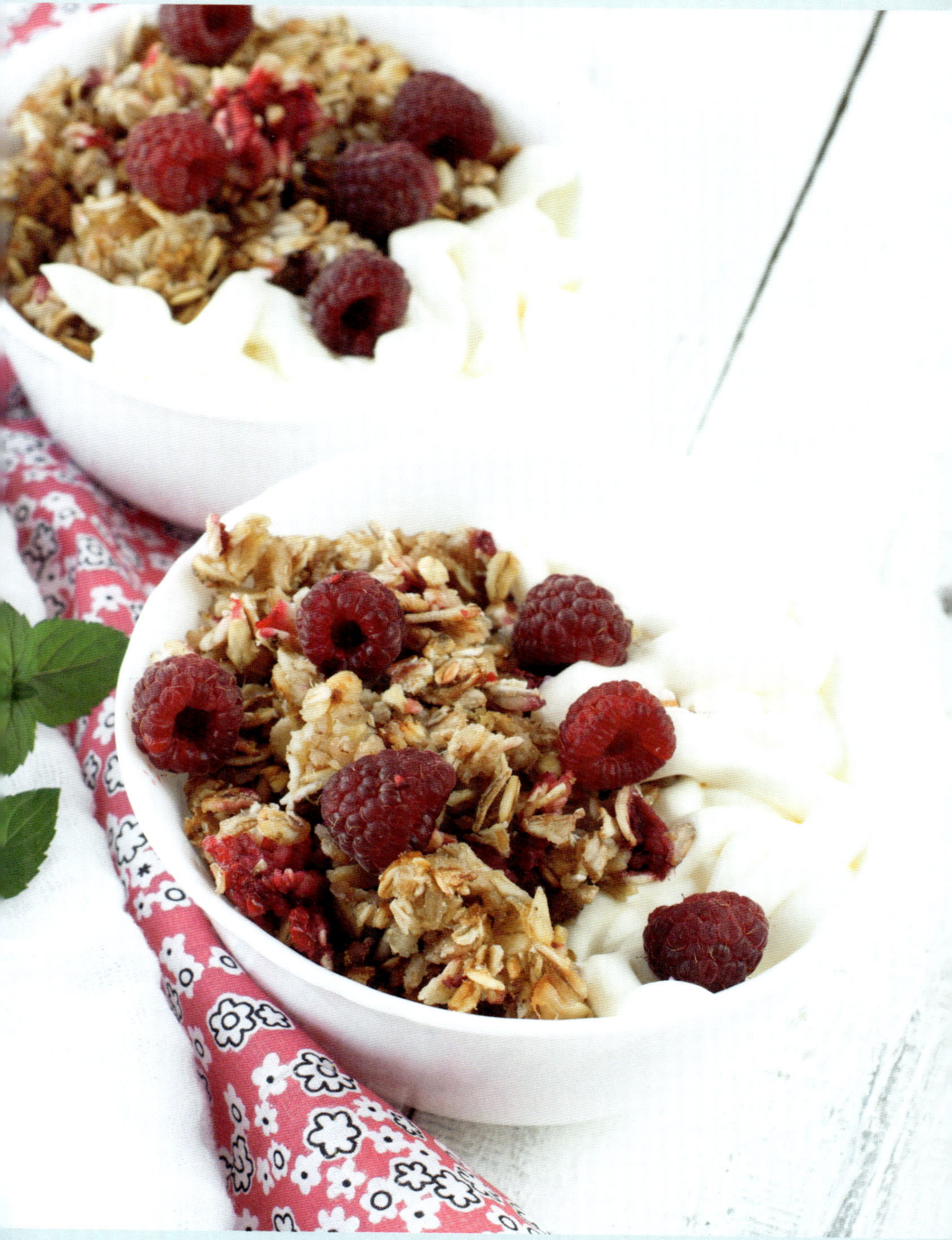

Overnight-Oats mit Erdbeeren

Zubereitungszeit: ca. 10 Min. (+ ca. 12 Std. Ziehzeit) · **Für 1 Portion:**

5 EL Haferflocken

120 ml Mandelmilch

1 TL Ahornsirup

1 Handvoll Erdbeeren

Minze nach Belieben

1. Haferflocken in ein Glas oder eine Schüssel geben und mit Mandelmilch und Ahornsirup verrühren. Über Nacht im Kühlschrank ziehen lassen.

2. Morgens Erdbeeren waschen, putzen, trocken tupfen und halbieren. Overnight-Oats mit Erdbeeren toppen und nach Belieben mit Minze garnieren.

Grüne Smoothie-Bowl

Zubereitungszeit: ca. 15 Min. · **Für 1 Portion:**

2 Bananen

2 Handvoll Baby-Spinat

3 Kiwis

1 Handvoll Himbeeren

2 EL Granola (siehe

S. 96)

1 TL Leinsamen

1 TL Chiasamen

1 TL Kürbiskerne

Für den Smoothie 1 1/2 Bananen schälen und in Stücke schneiden. Baby-Spinat waschen und trocken schütteln. 2 Kiwis halbieren und Fruchtfleisch mit dem Löffel aus der Schale lösen. Obst, Spinat und ca. 150 Milliliter Wasser in den Mixer geben und zu einem cremigen Smoothie pürieren. Für das Topping restliche Banane in Scheiben schneiden. Übrige Kiwi schälen und in Stücke schneiden. Himbeeren waschen und trocken tupfen. Smoothie in eine Schüssel füllen und mit Bananenscheiben, Kiwistücken, Himbeeren, Granola, Leinsamen, Chiasamen und Kürbiskernen garnieren.

Chia-Pudding mit Mango

Zubereitungszeit: ca. 20 Min. (+ ca. 2 1/2 Std. Kühlzeit
und ca. 12 Std. Ziehzeit) · **Für 2 Portionen:**

1 reife Mango *2 EL Chiasamen* *Honig nach Belieben*

200 ml Mandelmilch

1. Mango schälen, halbieren und entkernen. Fruchtfleisch in einen Mixer geben und zu einer dickflüssigen Masse pürieren. In zwei Gläser füllen und für ca. 2 Stunden in das Gefrierfach stellen.

2. Chiasamen mit Mandelmilch ca. 2 Minuten verrühren und nach Belieben mit Honig süßen. Mischung für ca. 30 Minuten in den Kühlschrank stellen.

3. Chiamischung auf das Mangopüree geben und über Nacht im Kühlschrank ziehen lassen.

Leckere Varianten

Zu Chia-Pudding passen die verschiedensten Obstsorten und er lässt sich somit wunderbar variieren. Probieren Sie statt Mango einfach mal Heidelbeeren oder Himbeeren. Hierfür einfach 150 g Beeren im Mixer pürieren, nach Belieben mit einem Teelöffel Honig süßen und mit dem Pudding servieren.

Pilz-Omelett

Zubereitungszeit: ca. 15 Min. · **Für 1 Portion:**

½ kleine Zwiebel

3 Champignons

1 Tomate

1 TL Öl

2 Bio-Eier

Salz

frisch gemahlener

Pfeffer

Paprikapulver

1 Handvoll geriebener

Käse (z. B. Edamer)

1 TL Petersilie

1. Zwiebel schälen und fein hacken. Pilze waschen, putzen und in Scheiben schneiden. Tomate waschen, vom Stielansatz befreien und in Scheiben schneiden.

2. Eine Pfanne mit Öl auspinseln. Zwiebeln, Pilze und Tomaten darin kurz anbraten. Eier verschlagen und mit Salz, Pfeffer und Paprikapulver würzen. Käse und Petersilie zufügen und verrühren. Eiermasse über die Pilz-Mischung gießen und zugedeckt auf kleiner Flamme gleichmäßig stocken lassen.

Fettarmes Frühstück

Wer es am Morgen gerne fettarm mag, kann das Omelett ganz einfach etwas „schlanker" machen. Dazu trennen Sie 4 Eier und verwenden für das Omelett nur die Eiweiße (die Eigelbe halten sich mit Wasser bedeckt 1-2 Tage im Kühlschrank). Lassen Sie zusätzlich den Käse weg und schon ist das Omelett besonders figurfreundlich.

Buchweizen-Pfannkuchen

Zubereitungszeit: ca. 15 Min. · **Für 4 Pfannkuchen:**

Beerenfrüchte nach Belieben

125 g Buchweizenmehl
1 Ei
150 g Pflanzenmilch

Salz
1 TL Kokosöl

1. Beeren waschen, putzen und trocken tupfen. Mehl, Ei, Pflanzenmilch und 1 Prise Salz in einer Schüssel zu einem Teig vermengen.

2. Kokosöl in einer Pfanne erwärmen. Jeweils eine Portion Teig in die Pfanne geben und von beiden Seiten goldbraun backen. Pfannkuchen mit Beeren garniert servieren.

Amarant-Porridge

Zubereitungszeit: ca. 45 Min. · **Für 2 Portionen:**

100 g Amarant	1 Apfel	1 TL Kokosöl
150 ml Mandelmilch	40 g gehackte Walnüsse	1 TL Zimt
150 ml Kokosmilch		1 TL Honig

Amarant mit heißem Wasser abspülen. In einen Topf geben und mit Mandel- und Kokosmilch zum Kochen bringen. Bei geringer Hitze ca. 25–30 Minuten leicht köcheln lassen. Vom Herd nehmen und ca. 10 Minuten quellen lassen. Apfel waschen, halbieren, Kerngehäuse entfernen und klein würfeln. Walnüsse in Kokosöl leicht anrösten. Apfelstücke zufügen und mit Zimt bestreuen. Honig darüber träufeln und alles leicht karamellisieren lassen. Porridge auf 2 Schüsseln verteilen und mit Apfel-Walnuss-Mischung toppen.

Haferflocken-Frühstücks-Kekse

Zubereitungszeit: ca. 30 Min. · **Für ca. 12 Stück:**

1 Apfel

250 g Apfelmus

 (ungesüßt)

80 ml Kokosöl

80 ml Honig

120 g zarte Haferflocken

90 g Vollkornmehl

½ TL Backpulver

1 Prise Salz

1 TL Zimt

1 Handvoll grob gehackte

 Walnüsse

1. Backofen auf 175 °C (Umluft: 155 °C) vorheizen. Backblech mit Backpapier auslegen. Apfel waschen, schälen, Kerngehäuse entfernen und Fruchtfleisch fein raspeln.

2. In einer Schüssel geraspelten Apfel, Apfelmus, Öl und Honig verrühren. In einer zweiten Schüssel Haferflocken, Mehl, Backpulver, Salz und Zimt mischen. Mischung zur Apfel-Honig-Masse geben und alles gut verrühren. Walnüsse untermischen.

3. Teig esslöffelweise in kleinen Klecksen auf das Backpapier setzen. Dabei ausreichend Abstand halten. Nach Belieben etwas flach drücken. Frühstückskekse im vorgeheizten Backofen 15–20 Minuten backen. Auf dem Backblech abkühlen lassen, da die Kekse nach dem Backen noch weich sind.

Suppen & Salate

Ob als aromatische Vorspeise oder gesunder Mittagssnack, mit diesen Suppen und Salaten können Sie nichts fa sch machen. Jede Menge Vitamine, Mineralien und Ballaststoffe sorgen für Genuss ohne Reue.

Kürbis-Ingwer-Suppe

Zubereitungszeit: ca. 35 Min. · **Für 3 Portionen:**

1 großer Hokkaidokürbis	1 EL Kokosöl	Salz
1 Kartoffel	2 TL Kurkuma	frisch gemahlener
1 Zwiebel	1 TL Cayennepfeffer	Pfeffer
2 Knoblauchzehen	4 EL Kokoscreme	4 EL Kürbiskerne
1 rote Chilischote	Saft von 1 Limette	3 EL Sahne
5 g Ingwer		etwas Petersilie

1. Kürbis waschen, entkernen und in kleine Würfel schneiden. Kartoffel schälen, waschen und in kleine Würfel schneiden. Zwiebel und Knoblauch schälen und fein hacken. Chilischote waschen, halbieren, Kerne herausschneiden und in feine Streifen schneiden. Ingwer schälen und fein hacken.

2. Kokosöl in einem Topf erhitzen und Gemüse darin ca. 5 Minuten andünsten. Kurkuma und Cayennepfeffer zufügen. Heißes Wasser aufgießen, bis alles bedeckt ist. Zugedeckt bei mittlerer Hitze ca. 25 Minuten kochen lassen.

3. Kokoscreme und Limettensaft zufügen. Suppe mit dem Stabmixer pürieren und mit Salz und Pfeffer abschmecken. Kürbiskerne in einer heißen Pfanne kurz anrösten. Kürbis-Ingwer-Suppe nochmals kurz aufkochen lassen. In Suppenschalen füllen, mit Sahne verfeinern und mit gewaschener Petersilie garniert servieren.

Indische Linsensuppe

Zubereitungszeit: ca. 45 Min. · **Für 2 Portionen:**

200 g gelbe Linsen	2 Knoblauchzehen	2 TL Öl
150 g Kartoffeln	1 rote Chilischote	1 Prise Salz
2 Möhren	10 g Ingwer	1 Prise Kurkuma
1 Zwiebel		1 Prise Currypulver

1. Linsen waschen und über einem Sieb abtropfen lassen. Kartoffeln und Möhren schälen und klein würfeln. Zwiebel und Knoblauch schälen und fein hacken.

2. Chilischote waschen, halbieren, Kerne herausschneiden und in feine Streifen schneiden. Ingwer schälen und fein hacken.

3. Öl in einer Pfanne erhitzen. Gemüse darin ca. 5 Minuten anschwitzen. Gewürze zufügen und 1 Liter Wasser zugießen. Linsen zufügen und alles einmal aufkochen. Zugedeckt bei mittlerer Hitze 25–30 Minuten köcheln lassen.

4. Gelegentlich umrühren. Bei Bedarf nochmals mit Gewürzen abschmecken und in Suppenschälchen servieren.

Kräftigende Hühnersuppe

Zubereitungszeit: ca. 2 Std. · **Für 4 Portionen:**

1 Bio-Suppenhuhn	1 TL Salz	1/2 TL Cayennepfeffer
350 g Möhren	frisch gemahlener	2 Lorbeerblätter
1 Zwiebel	Pfeffer	½ Bund Petersilie
1 Knoblauchzehe	etwas frisch geriebener	
15 g Ingwer	Muskat	

1. Huhn unter fließendem Wasser gründlich abspülen. In einem Schnellkochtopf mit Wasser bedeckt zum Kochen bringen.

2. Möhren putzen und schälen. 1 Möhre einmal längs durchschneiden, restliche Möhren in grobe Streifen schneiden und beiseitestellen. Zwiebel und Knoblauch schälen und halbieren. Ingwer schälen und in Scheiben schneiden.

3. Halbierte Möhre, Zwiebel, Knoblauch und Ingwer zugeben. Gewürze zufügen. Bei mittlerer Hitze ca. 1 Stunde köcheln lassen.

4. Huhn herausnehmen, Brühe über einem Sieb abgießen und auffangen. Hühnerfleisch von den Knochen lösen und in mundgerechte Stücke schneiden. Brühe in den Schnellkochtopf geben und 1 Liter Wasser zugießen. Hühnerfleisch und beiseitegestellte Möhren zugeben. Weitere ca. 20 Minuten leicht köcheln lassen. Mit Salz, Pfeffer und Muskat abschmecken. Petersilie waschen, trocken schütteln und Blätter fein hacken. Hühnersuppe mit Petersilie garniert servieren.

Quinoa-Salat mit Avocado

Zubereitungszeit: ca. 30 Min. · **Für 2 Portionen:**

150 g Quinoa	300 ml passierte	Cayenepfeffer
1 Zwiebel	Tomaten	Kurkuma
1 Knoblauchzehe	200 g schwarze Bohnen	Kreuzkümmel
1 TL Kokosöl	150 g Mais	½ Avocado
300 ml Gemüsebrühe	Salz	2 TL Petersilie

1. Quinoa gut waschen und abtropfen lassen. Zwiebel und Knoblauch schälen und fein hacken. Kokosöl in einer Pfanne erhitzen. Zwiebel und Knoblauch darin anschwitzen. Quinoa zufügen und kurz mit anrösten. Mit Gemüsebrühe ablöschen.

2. Tomaten, Bohnen und Mais zufügen. Zugedeckt ca. 30 Minuten bei geringer Hitze köcheln lassen, bis das Quinoa weich ist. Zwischendurch immer wieder umrühren. Mit Gewürzen abschmecken.

3. Avocado entkernen. Fruchtfleisch mit einem Löffel entnehmen und würfeln. Quinoa-Salat in Schälchen anrichten. Mit Avocadowürfeln dekorieren und mit Petersilie bestreut servieren. Der Quinoa-Salat mit Avocado kann warm oder kalt gegessen werden.

Wildkräutersalat

Zubereitungszeit: ca. 30 Min. · **Für 2 Portionen:**

1 Handvoll Sauerampfer	*1 Handvoll Hornveilchen*	*1 TL Senf*
1 Handvoll Taubnessel	*1 Schalotte*	*Salz*
1 Handvoll Gänse-	*2 EL Öl*	*frisch gemahlener*
blümchen	*1 EL Essig*	*Pfeffer*

Wildkräuter und Blüten waschen und trocken schütteln. Schalotte schälen und fein würfeln. Aus Öl, Essig und Senf eine Vinaigrette herstellen und mit Salz und Pfeffer abschmecken. Schalotten untermischen. Wildkräuter auf zwei Tellern anrichten, mit der Vinaigrette beträufeln und Blüten darüberstreuen.

Erdbeer-Spinat-Salat

Zubereitungszeit: ca. 20 Min. · **Für 4 Portionen:**

300 g Blattspinat

250 g Erdbeeren

6 EL Olivenöl

3 EL Balsamico

1 TL scharfer Senf

1 TL Honig, Salz

frisch gemahlener

Pfeffer

100 g Walnüsse

1. Spinat waschen und trocken schütteln. Erdbeeren waschen, putzen, trocken tupfen und halbieren.

2. Öl, Balsamico, Senf und Honig vermischen und mit Salz und Pfeffer abschmecken. Spinat und Erdbeeren schichtweise auf zwei Tellern anrichten. Dressing darüberträufeln. Mit Walnüssen dekoriert servieren.

Couscous-Salat mit Minze

Zubereitungszeit: ca. 40 Min. · **Für 4 Portionen:**

150 g Couscous

4 große Tomaten

1 Salatgurke

4 Frühlingszwiebeln

1 Bund Petersilie

1 Bund Minze

Saft von 1 Zitrone

5 EL Olivenöl

Salz

frisch gemahlener
   Pfeffer

1. Couscous nach Packungsanweisung garen und abkühlen lassen. Tomaten waschen, halbieren, vom Stielansatz befreien und würfeln. Gurke schälen, entkernen und fein würfeln. Frühlingszwiebeln putzen, waschen und in dünne Röllchen schneiden.

2. Petersilie waschen, trocken schütteln und Blätter fein hacken. Minze waschen, trocken schütteln, zupfen und fein schneiden.

3. Couscous in eine Schüssel geben und mit Gemüsewürfeln und Kräutern vermischen. Zitronensaft und Öl zufügen und mit Salz und Pfeffer abschmecken. Sofort servieren.

Snacks für unterwegs

Bei Clean Eating ist ein leckerer Snack für zwischendurch ausdrücklich erlaubt! Mit diesen Rezepten bekämpfen Sie nicht nur den kleinen Hunger, sondern versorgen sich zusätzlich mit allem, was Ihr Körper braucht.

Selbst gemachtes Studentenfutter

Zubereitungszeit: ca. 1 Std. · **Für ca. 5 Portionen:**

150 g Mandeln

150 g Haselnüsse

150 g Walnüsse

100 g Cashewkerne

100 g Rosinen

100 g getrocknete

Cranberrys

1. Backofen auf 160 °C (Umluft: 140 °C) vorheizen. Backblech mit Backpapier auslegen. Wasser in einem Topf zum Kochen bringen. Mandeln in das kochende Wasser geben. Nach 2–3 Minuten herausnehmen, über einem Sieb abgießen und mit kaltem Wasser abschrecken. Kurz abkühlen lassen und Haut entfernen. Dazu Mandel zwischen Daumen und Zeigefinger nehmen und aus der Haut herausdrücken. Auf Küchenkrepp trocknen lassen.

2. Haselnüsse auf dem Backpapier verteilen und im vorgeheizten Backofen ca. 20 Minuten leicht rösten. Zwischendurch wenden, damit sie von allen Seiten leicht gebräunt sind. Kurz abkühlen lassen und Haut entfernen. Zum Häuten Haselnüsse in ein Tuch wickeln und aneinanderreiben.

3. Mandeln, Walnüsse und Cashewkerne auf dem Backpapier verteilen und im vorgeheizten Backofen 10–15 Minuten leicht anrösten. Sie dürfen nur leicht gebräunt sein. Nüsse abkühlen lassen und mit Rosinen und Cranberrys mischen. Selbst gemachtes Studentenfutter in saubere Gläser füllen und gut verschließen.

Süßkartoffel- und Rote-Bete-Chips

Zubereitungszeit: ca. 1 Std. · **Für 1 Backblech:**

2 Rote Bete

2 Süßkartoffeln

5 EL Öl, Salz

frisch gemahlener

Pfeffer

Paprikapulver

Currypulver

1. Backofen auf 160 °C (Umluft: 140 °C) vorheizen. Rote Bete und Süßkartoffeln putzen und schälen. Mit einem Gemüsehobel in dünne Scheiben hobeln. Öl mit Salz, Pfeffer und Gewürzen mischen.

2. Gemüsescheiben in der Ölmischung wenden und auf dem Backblech verteilen. Im vorgeheizten Backofen 40–50 Minuten backen. Ab und zu die Backofentür öffnen, damit der Wasserdampf entweichen kann. So werden die Chips knuspriger.

Amarant-Riegel

Zubereitungszeit: ca. 40 Min. (+ ca. 1 Std. Kühlzeit) · **Für 1 Backblech:**

100 g blanchierte	2 TL Zimt	1 Prise Salz
Mandeln	2 TL gemahlene	230 g Kokosfett
100 g Pekannüsse	Bourbon-Vanille	200 g Mandelmus
250 g gepufftes Amarant	1 EL Backkakao	240 g Agavendicksaft

1. Mandeln und Nüsse grob hacken. Eine Pfanne ohne Fett erhitzen und die Nüsse darin kurz anrösten. In eine Schüssel geben und Amarant zufügen. Zimt, Vanille, Kakao und Salz zufügen und alles gut vermischen.

2. Kokosfett in einem Topf schmelzen. Mandelmus und Agavendicksaft zufügen und so lange rühren, bis eine geschmeidige Masse entsteht. Masse zur Nussmischung geben und gut verrühren. Ein tiefes Backblech mit Backpapier auslegen.

3. Amarant-Mischung auf das Backpapier geben und glatt streichen. Mit einem Bogen Backpapier abdecken und fest andrücken. Ca. 1 Stunde kalt stellen.

4. Nach der Kühlzeit die Riegelmasse mit einem scharfen Messer in schmale Riegel schneiden. Kühl und trocken aufbewahren.

Dinkel-Cracker mit Hummus

Zubereitungszeit: ca. 40 Min. (+ ca. 2 Std. Ruhezeit) · **Für 2 Portionen:**

1 Dose Kichererbsen

2 Knoblauchzehen

1 Chilischote

2 EL Sesampaste

3 TL Zitronensaft

6 EL Öl

2 EL Kreuzkümmel-
pulver

Salz, frisch gemahlener
weißer Pfeffer

Currypulver

Paprikapulver

Petersilie

300 g Dinkelvollkorn-
mehl

100 g Körnermischung
(z.B. Sesam, Leinsamen,
Sonnenblumenkerne)

1. Kichererbsen über einem Sieb abgießen und Flüssigkeit auffangen. Knoblauch schälen. Chilischote waschen, halbieren und Kerne herausschneiden.

2. Kichererbsen, Knoblauch und Chilischote in den Mixer geben. Sesampaste, Zitronensaft, 2 Esslöffel Öl, Kreuzkümmelpulver und 1 Prise Salz zufügen. Kichererbsenflüssigkeit zufügen und alles gründlich mixen, bis eine cremige Konsistenz entsteht. Mit Salz, Pfeffer und Curry abschmecken und 2 Stunden kalt stellen. Kurz vor dem Servieren mit Paprikapulver, Olivenöl und Petersilie garnieren.

3. Backofen auf 200 °C (Umluft: 180 °C) vorheizen. 2 Backbleche mit Backpapier auslegen. Mehl, Körnermischung, 4 Esslöffel Öl, etwas Wasser und 1 Teelöffel Salz in der Küchenmaschine zu einem Teig verarbeiten. Teig in 2 Teile teilen, auf dem Backpapier verstreichen und 15–20 Minuten backen. Auskühlen lassen und vorsichtig auseinanderbrechen.

Energie-Bällchen

Zubereitungszeit: ca. 20 Min. (+ 30 Min. Kühlzeit) · **Für ca. 30 Stück:**

90 g Kokosnussraspel	*60 g Mandeln*	*Leinsamen*
100 g getrocknete	*120 g feine Haferflocken*	*40 g Honig*
Cranberrys	*60 g geschroteter*	*1 TL Zimt*

Eine Pfanne ohne Fett erhitzen und Kokosnussraspel leicht anbräunen. Abkühlen lassen. Cranberrys und Mandeln grob hacken und in eine Schüssel geben. Kokosnussraspel, Haferflocken und Leinsamen zufügen. Mit Honig und Zimt gründlich vermischen. Mischung abgedeckt im Kühlschrank ca. 30 Minuten ruhen lassen. Masse zu kleinen Bällchen rollen und im Kühlschrank aufbewahren.

Dreierlei Popcorn

Zubereitungszeit: ca. 30 Min. · **Für ca. 4 Portionen:**

250 g Popcorn-Mais	2 ¼ TL Salz	1 ½ EL Backkakao
Öl, 1 EL Honig	1 TL Cayennepfeffer	¼ TL Zimt
4 EL Butter	2 TL Curry	1 ½ EL brauner Zucker

1. Popcorn-Mais bodendeckend in eine beschichtete Pfanne geben und mit einem Deckel abdecken. Pfanne stark erhitzen und Mais aufpoppen lassen. Popcorn vom Herd nehmen, damit es nicht anbrennt.

2. Für die süße Variante mit Honig: Etwas Öl und Honig in die heiße Pfanne geben und kurz karamellisieren lassen. Popcorn zufügen und umrühren. Lauwarm genießen.

3. Für die herzhafte Variante mit Chili: 2 Teelöffel Salz, Cayennepfeffer und Curry vermischen. Butter und Gewürzmischung über das noch heiße Popcorn geben. Alles gut vermischen und warm genießen.

4. Für die Schoko-Variante: Kakao, Zimt, Zucker und ¼ Teelöffel Salz vermischen. Kakaomischung über das heiße Popcorn geben, verrühren und sofort genießen.

Dinkel-Avocado-Sandwich

Zubereitungszeit: ca. 1 Std. und 25 Min. (+ ca. 30 Min. Gehzeit)
Für 2 Portionen:

*500 g Dinkelvollkorn-
mehl, 1 Würfel Hefe
150 g Körnermischung
(z. B. Leinsamen,
Sonnenblumenkerne)*

*Salz, 2 EL Apfelessig
Kokosöl für die Form
1 Avocado*

*1 kleine rote Zwiebel
1/4 Bio-Salatgurke
1 Handvoll Sprossen
frisch gemahlener
Pfeffer*

1. Mehl, Hefe, Körnermischung, 2 Teelöffel Salz, Apfelessig und
500 Milliliter warmes Wasser in einer Schüssel vermischen und zu
einem Teig verkneten. Eine Kastenform mit Kokosöl ausstreichen.
Teig in die Form füllen und an einem warmen Ort ca. 30 Minuten
ruhen lassen.

2. Form in den kalten Backofen stellen und bei 200 °C (Umluft:
180 °C) ca. 1 Stunde backen. Brot aus dem Ofen nehmen und abkühlen lassen.

3. Avocado halbieren und entkernen. Fruchtfleisch mit einem Löffel
entnehmen und in Scheiben schneiden. Zwiebel schälen und in feine
Ringe schneiden. Salatgurke waschen und in Scheiben schneiden.
Sprossen waschen und trocken schütteln.

4. 4 Scheiben Dinkelbrot abschneiden. Je 2 Brotscheiben mit Avo-
cado- und Gurkenscheiben, Zwiebelringen und Sprossen belegen.
Mit Salz und Pfeffer würzen. Jeweils 1 Brotscheibe darüberklappen.

Hauptmahlzeiten

Wenn der Magen knurrt und der große Hunger sich meldet, sind diese Gerichte genau das Richtige. Sie machen lange satt und überzeugen mit frischen Zutaten und jeder Menge Geschmack.

Spargel-Quiche

Zubereitungszeit: ca. 1 Std. und 15 Min. · **Für 4 Portionen:**

325 g Vollkornweizen-
mehl und etwas Mehl
für die Arbeitsfläche
Salz, 120 ml Öl

120 ml Milch
1 kleine Zwiebel
400 g grüner und weißer
Spargel
8 Bio-Eier

frisch gemahlener
Pfeffer
½ TL Thymian
120 g geriebener Käse

1. Mehl, 1 Teelöffel Salz, Öl und Milch in der Küchenmaschine zu einem Teig verkneten. Teig auf der bemehlten Arbeitsfläche zu einem Rechteck ausrollen. Teig auf ca. 1/3 der ursprünglichen Länge zusammenfalten. Gefalteten Teig um 90 Grad drehen und wieder zu einem Rechteck ausrollen. Vorgang einige Male wiederholen. Teig entsprechend der Größe der Springform ausrollen.

2. Zwiebel schälen und fein hacken. Vom Spargel holziges Ende abschneiden, Spargel waschen und schälen bzw. unteres Drittel schälen. Backofen auf 175 °C (Umluft: 155 °C) vorheizen. Springform mit Backpapier auslegen und Teig einfüllen. Dabei den Rand hochziehen.

3. Teig abwechselnd mit grünen und weißen Spargelstangen belegen. Eier in einer Schüssel verschlagen und mit Salz, Pfeffer und Thymian würzen. Zwiebel und Käse unterrühren. Die Masse vorsichtig über den Spargel gießen. Im vorgeheizten Backofen 40–50 Minuten backen.

Ofenaubergine mit Kräutern

Zubereitungszeit: ca. 50 Min. · **Für 2 Portionen:**

2 Auberginen, Salz	4 Stängel Koriander	1 TL Kreuzkümmel
1 kleine Zwiebel	Öl, 1 EL Tomatenmark	1 TL Paprikapulver
1 Knoblauchzehe	frisch gemahlener	1 EL Sahne
2 Tomaten	Pfeffer	50 ml Gemüsebrühe
6 Stängel Petersilie	1 TL Zimt	1 TL Sesam

1. Aubergine waschen und halbieren. Fruchtfleisch mit einem Löffel entnehmen und grob hacken. Zwiebel und Knoblauch schälen und fein hacken. Tomaten waschen, halbieren, vom Stielansatz befreien und würfeln. Petersilie und Koriander waschen, trocken schütteln und Blätter fein hacken. Etwas Petersilie und Koriander für die Dekoration beiseitestellen.

2. Backofen auf 200 °C (Umluft: 180 °C) vorheizen. Auflaufform mit Öl ausstreichen. 1 Teelöffel Öl in einer Pfanne erhitzen und Zwiebel und Knoblauch darin kurz anschwitzen. Auberginenfruchtfleisch zufügen und ca. 5 Minuten mitdünsten. Tomatenmark zufügen. Mit Salz, Pfeffer und Gewürzen abschmecken. Pfanne vom Herd nehmen und die Hälfte der Tomatenwürfel untermischen. Sahne, Petersilie und Koriander unterrühren.

3. Auberginen-Tomaten-Masse in die Auberginenhälften füllen und in die Auflaufform legen. Gemüsebrühe und restliche Tomatenwürfel vermischen und um die Auberginenhälften verteilen. Im vorgeheizten Backofen auf der mittleren Schiene ca. 30 Minuten backen. Mit Petersilie, Koriander und Sesam bestreut servieren.

Vollkorn-Pasta mit Hühnchen

Zubereitungszeit: ca. 45 Min. · **Für 3 Portionen:**

150 g Vollkorn-Nudeln
(z.B. Spiralen)
Salz, 1 Zwiebel
200 g Paprikaschote
200 g Cocktailtomaten
200 g Zucchini

150 g Brokkoli
3 Stängel Basilikum
3 Stängel Petersilie
1 TL Öl, 300 g
Bio-Hähnchenbrustfilet
Paprikapulver

frisch gemahlener
Pfeffer
1 EL Tomatenmark
1 EL Ajvar
200 ml Gemüsebrühe
Parmesan nach Belieben

1. Nudeln nach Packungsanweisung bissfest garen. Zwiebel schälen und fein hacken. Paprika putzen, waschen und in kleine Streifen schneiden. Tomaten waschen, halbieren und vom Stielansatz befreien. Zucchini und Brokkoli putzen, waschen und klein schneiden. Basilikum und Petersilie waschen, trocken schütteln, Blättchen abzupfen und fein hacken.

2. Öl in einer Pfanne erhitzen und Hähnchenbrustfilet darin anbraten. Mit Salz, Paprikapulver und Pfeffer würzen. Aus der Pfanne nehmen und warm stellen. Gemüse in die Pfanne geben und bissfest garen. Tomatenmark und Ajvar zugeben. Mit Gemüsebrühe ablöschen.

3. Hähnchenbrust mit in die Pfanne geben. Alles vorsichtig durchmischen und nochmals mit Gewürzen abschmecken. Vollkorn-Pasta mit Hühnchen auf Tellern anrichten und mit Petersilie und Basilikum garnieren. Nach Belieben mit Parmesan bestreuen.

Kichererbsen-Curry mit Reis

Zubereitungszeit: ca. 45 Min. · **Für 2 Portionen:**

120 g Vollkorn-Reis, Salz 1 grüne Chilischote   1 TL Kreuzkümmel

1 Dose Kichererbsen   3 EL Öl   ½ TL Cayennepfeffer

4 Knoblauchzehen   1 TL Garam Masala   1 Prise Zucker

15 g Ingwer, 1 Zwiebel   1 TL Kurkuma   ½ unbehandelte Limette

4 Tomaten   2 Stiele Koriander

1. Reis nach Packungsanweisung garen und über einem Sieb abgießen. Kichererbsen über einem Sieb abtropfen lassen. Knoblauch und Ingwer schälen. In einen Mixer geben, etwas Wasser zufügen und eine Paste herstellen. Zwiebel schälen und fein hacken. Tomaten waschen, halbieren, vom Stielansatz befreien und würfeln. Chilischote waschen, halbieren, Kerne herausschneiden und in feine Streifen schneiden.

2. Öl in einer Pfanne erhitzen. Gewürze kurz anrösten. Knoblauch-Ingwer-Paste und Zwiebeln zufügen und kurz mitbraten. Tomatenwürfel, Chilistreifen und ca. 100 Milliliter Wasser zugeben. Bei niedriger Hitze ca. 15 Minuten dickflüssig einkochen lassen, zwischendurch umrühren. Bei Bedarf noch etwas Wasser zufügen.

3. Kichererbsen zugeben und mit Salz und Zucker abschmecken. Kurz aufkochen lassen. Limette heiß abspülen, trocken tupfen und in Ecken schneiden. Koriander waschen, trocken schütteln und Blätter fein hacken. Kichererbsen-Curry mit Koriander garnieren und mit Vollkorn-Reis und Limettenecken servieren.

Mediterranes Ratatouille

Zubereitungszeit: ca. 1 Std. und 20 Min. · **Für 2 Portionen:**

1 Zucchini, 1 Aubergine	1 EL Öl, 1 Dose stückige	Pfeffer
4 Tomaten, 1 Zwiebel	Tomaten, Salz	Paprikapulver
1 Knoblauchzehe	frisch gemahlener	Oregano

1. Backofen auf 200 °C (Umluft: 180 °C) vorheizen. Zucchini, Aubergine und Tomaten waschen und in Scheiben schneiden. Zwiebel schälen und in Ringe schneiden. Knoblauch schälen und fein hacken.

2. Dosentomaten mit Knoblauch vermischen und mit Salz, Pfeffer, Paprikapulver und Oregano abschmecken. In der Auflaufform verteilen. Gemüsescheiben darauf abwechselnd in Reihen schichten und mit Öl beträufeln. Im vorgeheizten Backofen ca. 1 Stunde backen.

Vollkorn-Pizza mit Rauke

Zubereitungszeit: ca. 25 Min. · **Für 2 Portionen:**

100 g zarte Haferflocken	*100 g Vollkornmehl*	*50 g Parmesan, Salz*
½ TL Salz	*100 g Cocktailtomaten*	*frisch gemahlener*
1 EL Backpulver	*1 kleine Dose*	*Pfeffer*
4 EL Öl	*Tomatensoße*	*1 Bund Rauke*

1. Backofen auf 220 °C (Umluft: 200 °C) vorheizen. Backblech mit Backpapier auslegen. Haferflocken in eine Schüssel geben. Salz, Backpulver und 3 Esslöffel Öl zufügen und mit den Knethaken des elektrischen Handrührgerätes verrühren. 200 Milliliter Wasser zufügen und verrühren. Nach und nach Mehl zugeben, bis ein zäh-flüssiger Teig entsteht.

2. Backpapier dünn mit Öl einpinseln. Teig darauf verteilen und im vorgeheizten Backofen ca. 8 Minuten backen. Herausnehmen und kurz abkühlen lassen. Tomaten waschen, halbieren und vom Stielansatz befreien. Tomatensoße auf dem Teig verteilen. Mit Tomatenscheiben belegen. Parmesan reiben und darüberstreuen. Mit Salz und Pfeffer würzen. Im vorgeheizten Backofen weitere ca. 10 Minuten backen.

3. Rauke waschen und trocken schütteln. Pizza aus dem Ofen neh-men, mit Rauke bestreuen und in Dreiecke schneiden.

Quinoa-Pfanne mit Garnelen

Zubereitungszeit: ca. 40 Min. · **Für 4 Portionen:**

190 g Quinoa	frisch gemahlener	3 EL frische Petersilie
1 kleine Zwiebel	Pfeffer	225 g küchenfertige
2 Knoblauchzehen	3/4 TL Cayennepfeffer	Bio-Garnelen
2 EL Öl, Salz	500 ml Gemüsebrühe	Saft von ½ Zitrone

1. Quinoa waschen und abtropfen lassen. Zwiebel und Knoblauch schälen und fein hacken. 1 Esslöffel Öl in einer Pfanne erhitzen. Zwiebel und 1 Knoblauchzehe darin anschwitzen. Quinoa zufügen und kurz mit anrösten. Mit Salz, Pfeffer und ½ Teelöffel Cayennepfeffer würzen.

2. Mit Gemüsebrühe ablöschen und zum Kochen bringen. Zugedeckt bei niedriger Hitze ca. 20 Minuten köcheln lassen, bis die Quinoa weich ist. Vom Herd nehmen und 2 Esslöffel Petersilie untermischen.

3. 1 Esslöffel Öl in einer Pfanne erhitzen. Garnelen zugeben und mit Salz, Pfeffer und ¼ Teelöffel Cayennepfeffer würzen. Restlichen Knoblauch zufügen. Garnelen von allen Seiten 2–3 Minuten leicht rosa anbraten.

4. Quinoa zur Garnelenpfanne geben, gut durchmischen und mit Zitronensaft beträufeln. Mit Petersilie bestreut servieren.

Desserts & Gebäck

Wer sagt, dass gesunde Ernährung nichts für Naschkatzen und Süßmäuler sein kann? Delikate Desserts und köstliches Gebäck warten darauf, von Ihnen entdeckt zu werden.

Schokoladen-Bananen-Muffin

Zubereitungszeit: ca. 40 Min. · **Für ca. 12 Stück:**

300 g Vollkornmehl	*50 g Backkakao*	*7 EL Öl*
1 Pck. Backpulver	*2 EL Agavensirup*	*200 g Banane*

1. Backofen auf 180 °C (Umluft: 160 °C) vorheizen. Muffinform mit Papierförmchen auslegen.

2. Mehl in eine Schüssel geben. Backpulver, Backkakao, Honig, Öl und 375 Milliliter Wasser zufügen und mit den Knethaken des elektrischen Handrührgerätes verrühren. Banane schälen, mit einer Gabel zerdrücken und mit dem Teig vermengen.

3. Teig in den vorbereiteten Förmchen verteilen und im vorgeheizten Backofen 25—30 Minuten backen.

Vollkorn – voll gut

Zum Backen eignen sich besonders Dinkel-Vollkornmehl und Weizen-Vollkornmehl. Da Vollkornmehl einen intensiveren, herben Geschmack hat, können Sie bei den ersten Backversuchen mit Vollkorn, erst einmal normales Weißmehl und Vollkornmehl mischen. Steigern Sie dann nach und nach den Vollkorn-Anteil, so gewöhnen Sie sich schnell an den neuen Geschmack.

Nuss-Cookies

Zubereitungszeit: ca. 20 Min. · **Für ca. 1 Portion:**

¼ Tasse Cashewkerne	½ Tasse Vollkornmehl	2 Bio-Eier
¼ Tasse Pekannüsse	½ Tasse Honig	½ TL Vanille
1 Tasse Kokosflocken	½ Tasse Kokosöl	1 Prise Salz
¾ Tasse Schokotropfen		(1 Tasse à 250 ml)

Backofen auf 180 °C (Umluft: 160 °C) vorheizen. Backblech mit Backpapier auslegen. Cashewkerne und Pekannüsse grob hacken. In eine Schüssel geben und mit den restlichen Zutaten zu einem Teig verarbeiten. Mithilfe von 2 Teelöffeln walnussgroße Häufchen mit genügend Abstand auf das Backpapier setzen. Im vorgeheizten Backofen 10—15 Minuten leicht bräunen lassen.

Cleane Schokolade

Zubereitungszeit: ca. 5 Min. · **Für 1 Portion:**

250 ml Kokosöl   *250 g Kakaopulver*   *2 EL Agavensirup*

1. Kokosöl, Kakaopulver und Agavensirup in eine Schüssel geben und gut verrühren. Mischung in eine flache, gefrierfeste Form füllen und für ca. 2 Stunden in das Gefrierfach stellen.

2. Schokolade in kleine Stücke teilen und genießen.

Rübli-Kuchen

Zubereitungszeit: ca. 45 Min. · **Für 1 Kastenform:**

200 g Möhren	*1 EL Kokosöl*	*1 EL Chiasamen*
1 Bio-Ei, 60 g Joghurt	*150 g Vollkornmehl*	*1 Prise Salz, etwas Zimt*
60 ml Milch, 130 g Honig	*1 TL Backpulver*	*etwas Ingwer*

1. Backofen auf 170 °C (Umluft: 150 °C) vorheizen. Kastenform
mit Backpapier auslegen. Möhren putzen, schälen und fein reiben.
Ei trennen.

2. Möhren in eine Schüssel geben und mit Eigelb, Joghurt, Milch,
Honig und Kokosöl vermischen. In einer zweiten Schüssel Mehl,
Backpulver, Chiasamen, Salz, Zimt und Ingwer vermischen.

3. Mehl-Mischung zur Möhren-Joghurt-Masse geben und gut
verrühren. Eiweiß steif schlagen und unter den Teig heben.

4. Teig in die Backform füllen und im vorgeheizten Backofen
ca. 30 Minuten backen (Stäbchenprobe machen!). Nach Belieben
mit Marzipanmöhren dekorieren.

Ananas-Kokos-Sorbet

Zubereitungszeit: ca. 10 Min. (+ ca. 5 Std. Gefrierzeit)
Für 4 Portionen:

100 g Rohzucker

150 ml ungesüßter

Ananassaft

100 g Kokosnuss

150 ml ungesüßte

Kokosmilch

Saft von 1 Zitrone

200 ml Mineralwasser

1 Eiweiß

50 g Puderzucker

Minze zum Dekorieren

1. Zucker und Ananassaft in einen Topf geben und sirupartig einkochen lassen. Zum Abkühlen beiseitestellen. Kokosnussfleisch fein reiben.

2. Sirup mit Kokosnuss, Kokosnussmilch, Zitrone und Mineralwasser verrühren. In eine gefrierfeste Form geben und 1–2 Stunden im Gefrierfach kalt stellen.

3. Eiweiß steif schlagen und Puderzucker vorsichtig einrieseln lassen. Mischung aus dem Gefrierfach nehmen und kräftig durchrühren. Eischnee unterheben. Weitere 2–3 Stunden im Gefrierfach kalt stellen, bis das Sorbet fest geworden ist. Ananas-Kokos-Sorbet in 4 Schälchen portionieren und mit Minze dekoriert servieren.

Schoko-Bananen-Cookies

Zubereitungszeit: ca. 20 Min. · **Für ca. 1 Portion:**

2 reife Bananen	20 g Chiasamen	1 EL Chocolate Chips
80 g zarte Haferflocken	1 EL Ahornsirup	1 TL Backkakao
50 g gemahlene Mandeln	1 EL Haselnussmus	1 Prise Zimt

1. Bananen schälen und im Mixer pürieren. Backofen auf 200 °C (Umluft: 180 °C) vorheizen. Backblech mit Backpapier auslegen.

2. Bananenmus in eine Schüssel geben und mit allen weiteren Zutaten gut vermischen. Mithilfe von 2 Teelöffeln walnussgroße Häufchen mit genügend Abstand auf das Backpapier setzen. Im vorgeheizten Backofen ca. 15 Minuten backen.

Obstsalat mit Joghurt-Dressing

Zubereitungszeit: ca. 20 Min. · **Für 4 Portionen:**

1 Mango, ½ Papaya	*eine Handvoll*	*2 EL Honig*
2 Kiwis, 1 Granatapfel	*Heidelbeeren*	*4 TL kernige*
eine Handvoll kernlose	*1 Banane*	*Haferflocken*
Weintrauben	*300 g Naturjoghurt*	*4 TL Chiasamen*

1. Mango, Papaya und Kiwis schälen. Fruchtfleisch würfeln. Granatapfel halbieren. Mit der Schnittfläche nach unten über eine Schüssel halten, Kerne mit einem Kochlöffel herausklopfen und auffangen.

2. Trauben waschen, trocken tupfen und halbieren. Heidelbeeren waschen und trocken tupfen. Banane schälen und in Scheiben schneiden. Joghurt mit Honig vermischen.

3. Früchte auf 4 Gläser verteilen und mit jeweils 1 Teelöffel Haferflocken bestreuen. Joghurt-Honig-Mischung darüber verteilen und mit Chiasamen bestreut servieren.

Kokos-Milchreis mit Mango

Zubereitungszeit: ca. 30 Min. · **Für 2 Portionen:**

1 Mango	*200 ml Reis-Kokosmilch*	*20 g Kokosraspel*
300 ml Kokosmilch	*125 g Naturreis*	*Minze zum Dekorieren*
	1 Vanilleschote	

1. Mango schälen, halbieren und entkernen. Fruchtfleisch würfeln. Kokosmilch und Reis-Kokosmilch in einen Topf geben und aufkochen. Reis zufügen und bei geringer Hitze unter Rühren ca. 15 Minuten köcheln lassen.

2. Vanilleschote der Länge nach mit einem Messer halbieren und mit dem Messerrücken das Mark herauskratzen. Vanillemark und Kokosraspel zum Milchreis geben und verrühren.

3. Milchreis und Mango abwechselnd in 2 Gläser füllen, mit Mangowürfeln abschließen. Mit Minze dekoriert servieren.

Smoothies

Smoothies liegen voll im Trend und passen wunderbar zu cleaner Ernährung. Vollgepackt mit Nährstoffen, versorgen sie den Körper mit jeder Menge Energie und schmecken noch dazu himmlisch gut.

Klassischer Spinat-Smoothie

Zubereitungszeit: ca. 10 Min. · **Für 4 Portionen:**

150 g Blattspinat · 1 Banane · 1 EL Minze

3 Äpfel · 1 l stilles Mineralwasser

1. Spinat waschen und trocken schütteln. Äpfel waschen, halbieren, Kerngehäuse entfernen und grob würfeln. Banane schälen und halbieren.

2. Spinat und Obst in einen Mixer geben. Minze zufügen und mit Mineralwasser auffüllen. Im Mixer cremig pürieren. Auf 4 große Gläser verteilen und mit Trinkhalm servieren.

Gut gemixt ist halb gewonnen

Je besser Ihr Mixer ist, desto cremiger wird Ihr Smoothie. Für reine Obst-Smoothies reicht oft ein Stabmixer, doch wenn es an grobfaserige Zutaten geht, ist mehr Power gefragt. Ein Haushaltsmixer mit bis zu 20.000 Umdrehungen eignet sich gut für die ersten grünen Smoothies. Er ist nicht zu teuer und liefert gute Ergebnisse. Der echte Smoothie-Fan leistet sich jedoch einen Hochleistungsmixer mit bis zu 40.000 Umdrehungen. Zwar muss man dafür etwas tiefer in den Geldbeutel greifen, wird dafür aber mit unglaublich samtig-cremigen Smoothies belohnt.

Erdnussbutter-Bananen-Smoothie

Zubereitungszeit: ca. 5 Min. · **Für 1 Portion:**

1 Banane

30 g Erdnussbutter

6 Eiswürfel

250 ml Mandelmilch

1. Banane schälen und halbieren. In einen Mixer geben und mit Erdnussbutter und Mandelmilch pürieren. Eiswürfel zugeben und alles cremig pürieren.

2. Erdnussbutter-Bananen-Smoothie in ein großes Glas füllen und sofort servieren.

Erdbeer-Haferflocken-Smoothie

Zubereitungszeit: ca. 10 Min. · **Für 1 Portion:**

100 g Erdbeeren	*200 g Naturjoghurt*	*1 TL Honig, Zimt*
1 Banane, 50 ml Milch	*2 EL zarte Haferflocken*	*1 TL Mandelscheiben*

Erdbeeren waschen, putzen und trocken tupfen. 1 Erdbeere in Scheiben schneiden und für die Dekoration beiseitestellen. Banane schälen und in Scheiben schneiden. 3 Scheiben für die Dekoration beiseitestellen. Restliches Obst, Milch und Joghurt in einen Mixer geben und pürieren. 1 Esslöffel Haferflocken und Honig zugeben und alles kräftig durchmixen. Smoothie in ein großes Glas füllen und mit Erdbeer- und Bananenscheiben garnieren. Mit 1 Esslöffel Haferflocken, Zimt und Mandelscheiben bestreut servieren.

Cremiger Avocado-Smoothie

Zubereitungszeit: ca. 5 Min. · **Für 4 Portionen:**

1 reife Avocado	*1 Vanilleschote*	*3 EL Honig*
1 reife Banane		*500 ml Mandelmilch*

Avocado halbieren und entkernen. Fruchtfleisch mit einem Löffel entnehmen und grob würfeln. Banane schälen und halbieren. Vanilleschote der Länge nach mit einem Messer halbieren und mit dem Messerrücken das Mark herauskratzen. Avocado und Banane in einen Mixer geben. Vanillemark und Honig zugeben und mit Mandelmilch cremig pürieren. Smoothie in 4 Gläser füllen und servieren.

Kürbis-Smoothie mit Zimt

Zubereitungszeit: ca. 15 Min. · **Für 3 Portionen:**

300 g Hokkaidokürbis   1 Apfel, 1 Orange   1 TL Zimt
1–2 EL Milch   6 EL Joghurt   Honig nach Belieben

1. Kürbis waschen, entkernen und in grobe Würfel schneiden. Kürbisstücke und Milch in einen Mixer geben und grob pürieren. Apfel waschen, halbieren, Kerngehäuse entfernen und grob würfeln. Orange auspressen, Saft auffangen und Fruchtfleisch mit einem Messer entnehmen.

2. Apfel, Orangensaft und –fruchtfleisch zum Kürbispüree zugeben. Joghurt und Zimt zufügen und alles kräftig mixen. Nach Belieben mit Honig süßen. Smoothie in 3 Gläser füllen und servieren.

Mango-Ananas-Smoothie

Zubereitungszeit: ca. 15 Min. · **Für 4 Portionen:**

1 reife Ananas	abgeriebene Schale und	Saft von 2 Orangen
2 reife Mangos	Saft von 1 unbehandel-	15 Eiswürfel
1 kleine Banane	ten Limette	Honig nach Belieben

1. Ananas schälen, Strunk herausschneiden und Fruchtfleisch grob würfeln. Mangos schälen, halbieren und entkernen. Fruchtfleisch grob würfeln. Banane schälen und halbieren.

2. Obst mit Limettenschale und -saft und Orangensaft in einen Mixer geben und pürieren. Eiswürfel zufügen und nochmals kräftig mixen. Nach Belieben mit Honig süßen. In 4 Gläser füllen und sofort genießen.

Reifegrad testen

Der richtige Reifegrad der verwendeten Früchte ist für einen geschmackvollen Smoothie besonders wichtig. Ob Ananas reif ist, erkennen Sie besonders an ihrem Geruch, der intensiv fruchtig riechen sollte. Sitzen die Blätter zudem nicht mehr ganz so fest am Strunk, ist die Ananas reif für den Mixer. Auch bei Mangos empfiehlt sich der Geruchstest. Außerdem sollte ihr Fruchtfleisch beim Drucktest leicht nachgeben.

Grünkohl-Apfel-Smoothie

Zubereitungszeit: ca. 10 Min. · **Für 4 Portionen:**

250 g Grünkohl   5 g Ingwer   1 Apfel
 (TK-Produkt)   2 reife Bananen

1. Grünkohl aus der Packung nehmen und etwas antauen lassen. Ingwer schälen. Apfel waschen, halbieren, Kerngehäuse entfernen und Fruchtfleisch grob würfeln. Bananen schälen und halbieren.

2. Grünkohl mit Ingwer, Apfel und Bananen in einen Mixer geben. Mit 300 Milliliter Wasser auffüllen und cremig pürieren. In 4 Gläser füllen und mit Trinkhalm servieren.

Wasser ersetzen

Je nach Vorliebe kann man das Wasser in Smoothies mit den verschiedensten Flüssigkeiten ersetzen. Frisch gepresste Säfte wie Orangen- oder Grapefruitsaft geben jedem Smoothie einen erfrischenden Fruchtkick und viele Extra-Vitamine. Normale Milch, Pflanzenmilch oder Joghurt unterstützen die Cremigkeit und machen den Smoothie sättigender.

Register

Impressum

© Copyright 2017, **garant** Verlag GmbH,
Benzstraße 56, D-71272 Renningen

www.garant-verlag.de
ISBN 978-3-7359-0225-2

Komplettproducing: twinbooks, München (Eva Hutter)
Texte: Constanze Kobell, Jana Lösch für twinbooks, München
Alle Abbildungen © Shutterstock Images

Erfahren Sie mehr!

Alle Informationen in diesem Buch wurden mit größter Sorgfalt erarbeitet und geprüft. Weder Herausgeber, Autor noch Verlag können jedoch für Schäden haftbar gemacht werden, die in Zusammenhang mit der Verwendung dieses Buches stehen.